가르치는 인공지능은 가능한가?
'장치의 교육학'을 위한 시론

16개의 물음의 기록들

가르치는 인공지능은 가능한가?

임완철 지음

16개의 물음의 기록들

Is a Teaching AI Possible?

「장치의 교육학」을 위한 시론

새물결

가르치는 인공지능은 가능한가?
'장치의 교육학'을 위한 시론
16개의 물음의 기록들

지은이 | 임완철
펴낸이 | 조형준
펴낸곳 | 새물결
1판 1쇄 2020년 10월 20일 | 1판 2쇄 2021년 11월 25일
등록 | 서울 제15-52호(1989.11.9)
주소 | 서울특별시 강남구 학동로 335 10층(논현동 다른타워)
전화 | (편집부) 02-3141-8696 (영업부) 02-3141-8697
이메일 | saemulgyul@gmail.com
ISBN 978-89-5559-427-0(03370)

ⓒ 임완철, 새물결, 2020

이 책의 저작권은 새물결에 있습니다. 신저작권법에 의해 보호를 받는 저작물이므로 무단 전재와 복제를 금합니다.

차례

서문: 들어가며 · 11

1장 __ 교육학 주체의 역설 · 15
    1. 우리가 판단하는 교육문제는 교육문제의 실체가 맞는가? · 15
    2. 교육학의 주체에 대한 서울대학교사범대학 학생들의 이야기 · 26

2장 __ 가르치는 인공지능에 대한 추측과 전망 · 37
    3. 가르치는 인공지능은 소크라테스처럼 질문할까요? · 38

3장 __ 알고리즘과 교육학 · 51
    4. 가르치는 인공지능이 추구하는 가치는 교육이 추구하는 가치와 방향이 같을까요? · 51
    5. 가르치는 인공지능은 스스로를 멈춰 세울 수 있을까요? · 58
    6. 가르치는 인공지능은 스스로 생각할 수 있을까요? · 69

4장 __ 데이터와 교육학 · 81
    7. 가르치는 인공지능은 설명 가능할까요? · 81
    8. 경험 불가능한 데이터를 경험하는, 가르치는 인공지능을 우리가 경험할 수 있을까요? · 91

5장 __ 장치의 교육학 · 103

9. 교실의 출입문도 가르칠까요? · 103
10. 장치를 바꾸면 교육을 바꿀 수 있을까요? · 109
11. 전자계산기는 교육학적 사유가 가능한 위치에 있을까요? · 120
12. 인공지능장치를 어느 위치에 배치해야 할까요? · 127

6장 __ 인공지능시대의 교육학 · 145

13. 학습자는 주체일까요? · 145
14. 가르치면 배울까요? · 156
15. 가르치는 인공지능은 소크라테스적일까요? · 164

7장 __ 교육장치의 디지털전환 · 177

16. 교육장치의 디지털전환이 필요할까요? · 177
17. 장치의 교육학: 장치를 바꾸어 교육을 바꾸자 · 197

결론: 교육학 방법으로서의 '물음' · 207

감사의글 · 209
후기 이 책의 탄생에 관한 짧은 보고 · 213

일러두기

1. 본문 중 볼드는 필자의 강조이다.
2. 인용문은 최대한 기존 번역서를 참조했으며 미번역된 것은 저자가 직접 번역했다.
3. 고유한 개념어나 특정한 사건 등은 중고딕으로 처리했다.
4. 단행본이나 학술지, 잡지는 『 』로, 논문과 시, 단편 소설은 「 」로 표시했다.

서문
|
들어가며

배경^{背景}에 있지만 배후^{背後}로 동작하는 존재들을 찾고 있습니다. 저에게는 인공지능이 그런 존재입니다. 이 책은 그처럼 배후로 동작하는 인공지능의 존재를, 잘 보이는 전경으로 드러내는 것을 목표로 하고 있습니다. 이 과정에서 사용한 질문은 '학습하는 인공지능시대에 가르치는 인공지능도 가능할까요?'입니다.

배경^{背景}은 뒤쪽의 경치, 무대 뒤쪽에 그리거나 꾸며놓은 장치, 그림이나 사진 따위에서 주요 제재의 뒤쪽 광경을 의미하는 단어입니다. 사전에 등록되어 있는 반대말은 '앞쪽에서 보이는 경치', '그림이나 사진 등에서 사람이나 물건 앞에 있는 경치'의 의미를 가진 전경^{前景}입니다.

하지만 배경에는 '그 사람은 배경이 참 좋아'라고 말할 때 사용되는, 잘 드러나지 않는 곳에서 그것과 연관을 맺고 있는 것, 앞에 드러나지 않은 채 사람의 뒤를 돌보아 주는 힘의 의미 역시 갖는 단어입니다. 이런 의미로 사용될 때 반대말은 사전에는 등록되어 있지 않습니다.

우리 생각의 '배경' 대 우리 생각의 '배후'

'앞에 드러나지 않은 채 뒤에서 돌보아 주는 힘.' 배경을 그러한 의미로 사용할 때를 생각해보면 아마 이런 경우일 것입니다. 어떤 상황 또는 사건에서 무언가가 역할을 하고는 있는데 그 무언가가 잘 드러나지는 않는 어떤 사람을 향해 '저 사람의 배경은 뭐지?'라고 말할 때입니다. 배경은 드러나지 않으면서 '숨어서 작동하는 힘'이자 '숨어서 앞에 드러난 것을 돌보아주는 힘'이고 '숨어서 앞에 드러난 것에 영향을 행사하는 힘'입니다.

배후背後는 '등 뒤', '어떤 대상이나 대오의 뒤쪽', '어떤 일의 드러나지 않은 이면'이라는 사전적 의미에서처럼 '뒤에 숨어서 앞에 드러난 것에 영향을 행사하는 힘'이라는 의미를 보다 강하게 부각시키고 싶을 때 사용하는 단어입니다. 이런 점에서 배후는 부정적 느낌이 강한 단어입니다. 가령 '어떤 사건의 배후를 확인해야 ……'같은 말은 어떤 사건에 '숨어 앞에 드러난 것에 영향을 행사하는 힘'이 있을 가능성을 내포합니다.

배후라는 단어를 사용할 때 그것의 의미를 도드라지게 하기 위해 배후자라는 단어를 사용하기도 합니다. 어떤 단어를 주체화시키는 방법으로 흔히 사용되는 방법은 끝에 흔히 '놈 자'라고 부르는 '자者'를 붙이는 방법입니다. 가령 배후를 실행하는 주체는 배후자가 됩니다. 배후자의 의미를 사전에서 찾아보면 '겉으로 직접 나서지 않고 뒤에서 어떤 일을 하도록 조종하거나 부추기는 사람'으로 나오지만 '자者'는 단지 '사람만 의미하는 단어가 아닙니다. '것'의 의미도 있습니다. 배후자를 다시 써보면, '겉으로 직접 나서지 않고 뒤에서 어떤 일을 하도록 조종하거나 부추기는 것 또는 사람'으로 생각할 수 있습니다. 이런 의미에서 배후는 배후자의 위치입니다.

배경의 반대말은 전경입니다. 그렇다면 배후의 반대말은 무엇일까요?

'숨어서×앞에 드러난 것에 영향을 행사하는 힘'을 확인해 그런 힘과 그런 힘을 행사하는 존재를 잘 보이는 앞으로 끌어내는 활동에 사용하기 좋은 단어는 '배후'입니다. 하지만 어떤 것은 배경이라기보다는 배후로 봐야 한다고 언급할 때는 종종 문제가 발생합니다. 즉 논의를 시작도 하기 전에 언쟁부터 하게 되는 것입니다. 논의도 시작하기 전에 언쟁만 부추기는 방법은 적절하지 않습니다. 배후는 부정적 의도를 지나치게 선명하게 드러냅니다.

하지만 그러한 부정적 의미까지 담아 '우리 생각의 배후'를 확인해 보아야 합니다. 그리고 인공지능을 배경이 아니라 배후로, 그리고 배후를 넘어 전경으로 잘 보이도록 드러내야 합니다.

인공지능을 전경으로 끌어내기 이전에 먼저 우리가 찾아봐야 하는 것은 '우리 생각의 배후'입니다. 찾아서, 잘 보이도록 앞으로 옮겨야 합니다. 전경으로 말입니다.

우리 배후, 특히 인공지능을 교육계에서 다루는 논의의 배경 그리고 배후에는 무엇이 있을까요? 우리 배경에 있는 것을 전경으로 끌어내어 잘 보이도록 해야 하는 것처럼, 우리 배후에 있는 것을 잘 보이는 앞으로 끌어내는 활동이 필요합니다. 이 책은 그러한 활동의 기록입니다.

인공지능을 배경에서 전경으로 끌어내기 위해 사용한 '학습하는 인공지능시대에 가르치는 인공지능도 가능할까요?'를 2020년 1학기에 개설된 서울대학교사범대학 강의에서 '기말과제 리포트'로 학생들에게 제공했습니다. 이 책의 원고는 당시의 학생들에게 제공했던 강의자료를 기초로 재구성한 것입니다. 서울대학교사범대학교에서 2020년 1학기에 개설된 '컴퓨터의 개념 및 실습' 과목에서 풍부하게 토론에 참여해준 학생들에게 감사드립니다.

1

교육학 주체의 역설

1. 우리가 판단하는 교육문제는 교육문제의 실체가 맞는가?[1]

1. 1. 내가 생각하는 교육문제는 우리나라 교육문제의 실체가 맞는가?

순간순간 디지털환경('기술'이라고 써야겠지만 '기술'이라는 이름은 우리 경험을 제대로 담지 못합니다. 일단 '환경'으로 적습니다)에서 놀라움을 경험합니다. 제가 그런 것처럼 여러분도 비슷한 경험을 하고 계시리라 믿습니다. 그리고 그러한 경험을 이해의 대상으로 다루려는 노력도 하시리라 믿습니다.

이 글을 적다가 2011년 연말에 했던 회의가 기억에 떠올랐는데, 특

---

[1] 2020년 1학기 서울대학교사범대학의 '컴퓨터의 개념 및 실습' 강의에서 학생들에게 마지막 강의자료로 제공한 원문을 일부 수정, 편집했습니다. 이 글에서 '우리'는 사범대학에서 (교과)교육학을 전공했거나 전공 중인 사람들을 의미합니다.

히 회의가 끝나고 새벽에 받은 메일이 기억에 떠올랐습니다. 그날 이후 지금까지 꾸준히 제 머릿속+마음속에 남아 있는 메일입니다. 그리고 갑자기 떠오른 생각이 '아직 있겠네'였습니다. 메일을 연 후 기억을 더듬어 메일을 찾아냈습니다. 도착일은 2011년 12월 18일이었습니다. 당연히! 메일전문이 남아 있었습니다. 제 기억은, 회의가 끝나고 저녁까지 함께 먹고, 집에 들어가고 난 뒤, 새벽에 메일 도착 알람을 듣고 열었던 메일이라는 기억이었는데, 메일 도착시간은 오후 4시였습니다. 역시 기억은 수정되어 저장됩니다. 아니, 기억은 쉼 없이 왜곡됩니다.

미래형과학실이라는 이름의 STEAM(Science, Technology, Engineering, Art, Mathematics) 활동을 위한 새로운 교실 모형을 설계하는 연구였습니다. 그날 회의는 연구과제의 공동연구원들과 함께한 회의로, 잠정적 결과물들이 논의를 위해 테이블에 올라오는 등 해당연구의 중반쯤에 진행된 회의 중 하나였습니다. 교육부(당시에는 교육과학기술부) 산하기관이 발주한 연구였습니다. 회의 참가자들은 모두 박사학위와 그에 준하는 학위를 가진 분들이었습니다. 건축설계사도 있고, 대학교수가 3명 정도 있었고, 제 후배이기도 하면서 프랑스에서 영화(예술?) 관련 유학을 막 마치고 돌아온 후배 A도 있었습니다. 후배 A는 STEAM의 A(Art)의 맥락을 잡기 위해 (제가 초대한) '외부전문가' 자격으로 회의에 참석했습니다. 회의를 마치고, 저녁을 먹고 헤어진 뒤 후배 A의 메일이 도착했습니다.

제 기억 속에 남은 후배 A의 메일의 메시지는 이랬습니다.

모두 중고등학교 때 모범생이었을 것 같아 보이고, 당연히 그래야만 갈 수 있는 좋은 대학을 나온 사람들이 모여, 미래의 교실을 설계한다는 점에 놀랐다. 그들이 설계하면, 그들 마음에 드는 교실이 나올 것 같다. …… 나처럼 당시 교실이 끔찍하게 싫었거나, 기분 나쁜 경험만 가득하거나, 그곳이 내 곳이라는 경험이 1도 없는 사람들도 연구팀에 속했으면 좋겠다. …… 회의에 참석했던 사람들은 아마도, 모두 다, 중고등학교 시절 학교교실을 안방처럼 편하게 느꼈을 사람들이다. 그런 사람들이 모여 따듯하고, 학교의 구석구석에 짱 박혀 숨을 공간이 있고, 작은 모임이 가능하고, 자연채광이 되는 자연스러운 교실을 설계한다는 게 아쉽다.

'분명, 짱 박힐 공간을 누가 차지할지 뻔히 보이는데도 소파가 있는 편안한 공간에 대해 이야기하고, 하루 종일 잠만 잤던, 잠자는 것 말고는 딱히 할 게 없던 그런 경험을 갖고 어른이 되어버린 나 같은 사람들 이야기가 이런 연구에 포함될 수 있는 방법을 찾아 달라'는, '교육학을 전공해서 교육정책을 설계하는 사람들은 왜 모두 좋은 대학을 나와야 하는지, 그들의 관점으로 학교를 들여다보면 무엇이 보이고 무엇이 안보일지에 대해 더 생각해달라'는 내용을 담은 메일이라고 기억하고 있었습니다. 그 메일 이후 언제나 생각합니다.

'나는 누구인가?'
'내가 하고 있는 이 생각의 배후에 무엇이 있는가?'
'내 의지와 상관없이 나는 무엇을 대표하는가?'
'내가 생각하는 교육문제는 우리나라 교육문제의 실체가 맞을까?'

거의 10년이 지난 메일을 다시 열어본 결과, 유사한 메시지가 점잖게 담겨있기는 했지만 제 기억 속의 날카롭고 뾰족뾰족한 메시지가 담겨있지는 않았습니다. 역시, 제 기억이 특정한 방향으로 꾸준히 왜곡되고 있었나보다 라는 생각을 합니다.

후배 A의 메일을 받고 2년 정도 지난 뒤 서울대학교에서 진행한 강의의 첫 시간에 한 학기 강의의 전체 주제를 이렇게 리뷰했습니다.

'6개의 질문을 간단히 설명하겠다. 각 질문에 대해 선택여부를 표시해주면 많이 선택된 질문 순서대로 3개를 골라 한 학기 강의내용을 재구성하겠다'라고 말한 뒤, 질문을 소개했습니다. 제 기억 속에 남은 질문들(물론 찾아보면 제 노트북 어딘가에 남아 있겠지만)은 이 정도였습니다.

1. '가르치면 배우는가?'
2. '교사를 알고 있다고 가정된 주체로 볼 수 있는가?'
3. '매개가 액티브하면 비고츠키Lev Semenovich Vygotsky(1896~1934년) 삼각형은 어떻게 되는가?'
4. '물어보면 알 수 있는가?'

그리고 6개 중 4번째 정도에 이런 질문을 했습니다. '우리가 알고 있는 교육문제는 교육문제의 실체가 맞는가?'

이 질문을 설명하기 위해 아감벤Giorgio Agamben의 '아슈비츠에서 살아남은 생존자의 증언문제'를 사용했습니다.

2차세계대전 당시의 유대인수용소에서 살아남은 생존자의 증언으로 아우슈비츠의 실체에 접근할 수 있는가? 아우슈비츠의 실체를 경험한 사람은 모두 죽었다. 살아남은 생존자는 실체에 근접한 사람일 뿐이다. 생존자의 증언으로 아우슈비츠의 실체를 알 수는 없다.

그리고 레비Primo Michele Levi 이야기를 들려주었습니다. 그가 어떻게 수용소에서 살아남았는지, 살아남은 뒤 자기의 숙명을 어떻게 설명하고 그 숙명을 어떻게 수행했는지에 대해 말입니다. 레비는 죽을 때까지 자기의 수용소 경험을 말과 글로 드러내기 위해 노력하고, 자기 경험이 왜 말과 글로 꺼내지지 않는지에 대해 말하며, 다른 생존자들에게 이 숙명을 함께하자고 제안하며 절대로 죽지 말라고 자살하지 말라고 말합니다. 그는 1986년에 마지막 책을 출간하고 다음해 자살로 생을 마감합니다. 이 두 가지 사례를 간단히 설명한 뒤, 아래 질문을 학생들에게 나누어주려고 애를 썼습니다.

우리나라 교육시스템에서 살아남은 자에 해당하는 우리가, 우리나라 교육문제의 실체에 접근할 수 있는가?

이 질문을 설명하는 짧은 시간 동안 뒷자리에 앉아있던 한 여학생이 울기 시작했습니다. 스스로 진정하려는 노력을 계속하는데도 불구하고 울음을 멈추지 못했습니다. 해당 질문에 대한 설명을 서둘러 마무리한 뒤 잠시 쉬자고 다들 바람 좀 쏘이고 오라고 말했습니다. 이 쉬는 시간에 대한 기억 때문에 6개의 질문 중 아마 4번째 정도였을 것 같다고 기억합니다. 학생의 울음은 그쳤고 나머지 질문들을 모두 설명한 뒤, 각 질문마다 손을 들어 의견을 표시해달라고 부탁했고, 학생들은 6개 질문 모두에 모두 손을 들었습니다.

그때 그 교실에서 손을 들던 얼추 30명 정도의 학생들의 모습은 당시의 교실과 함께 제 기억 속에 있습니다. 그때 그 교실은 지금은 사라졌습니다. 2020년 현재 리모델링 공사 중인 9동의 1층(볕이 들지 않는 위치라 언제나 눅눅하고 어둡고, 언제나 곰팡이 냄새가 나던 곳이었습니다)에 있었습니다. 결국 그 학기에 6개의 질문 모두를 다루었습니다.

첫 수업을 끝내자, 울었던 학생이 교탁 앞으로 나와서 '죄송하다며 …… 하지만 멈출 수가 없었다며 ……' 자기가 왜 여기에 있는지를 설명해주었습니다. 중고등학교 때 시절이 얼마나 힘들었는지에 대해 말하며 결국 별로 알려지지 않은 작은 대학에 들어갔다가 자기의 학교생활을 이해해보고 싶고 또 바꾸고도 싶어 두 번의 추가적인 이동 끝에 여기까지(서울대학교사범대학 교육학과) 왔다고 이야기했습니다. 해당수업을 듣는 학기가 학생의 5학기째인가였던 것 같습니다. 입학한 뒤 중고등학교 시절 경험을 동료와 교수님들에게 설명하려고 애썼는데, 설명을 제대로 못한 건지 아니면 전달될 수 없는 경험인지, 공유가 안 되었다며 ……. 그래서 포기하고 그냥 졸업이나 해야겠다는 생각을 하는 중이었다며. 그러고 있는 학생에게 제가 '살아남은 자와 살아남지 못한 자'와 '살아남은 자의 증언'과 '살아남지 못한 자들의 경험의 실체'에 대한 이야기를 한 겁니다.

우리가 이해하는 교육문제는 우리나라 교육문제의 실체일까요? '울어버린 학생의 증언' 이후, 저는 교육학의 주체에 대해 생각합니다. 그때부터 지금까지 계속. 그리고 아마 오랫동안 그러지 싶습니다.

이번 학기에 여러분들에게 기말과제로 드린 질문(가르치는 인공지능은 가능한가?)은 저에게는 '교육학의 주체'문제입니다. '가르치는 인공지능의 (불)가능성' 문제 말입니다. '장치의 교육학'도 역시 교육학의 주체문제입니다. 그것들이 독자적으로 '메시지를 학생들에게 전달한다고?'라는 점에서 교육학의 주체문제입니다. 당연히 subject 역시 교육학의 주체문제이고, 우리가 경험할 수 없는 경험을 경험하는 인공지능 역시 주체문제이고, 무의식적으로 추론하는 고등한 인지시스템의 설명 (불)가능성문제 역시 저에게는 교육학의 주체문제입니다. 물어보면 알 수 있나요?/가르치면 배우나요?도 주체문제입니다. 이 문제들을 모두 끌고 '울어버린 학생에게로 가는 중입니다.'

여러분에게 드리는 마지막 질문입니다.

'우리는 누구일까요?'
'우리가 하고 있는 생각의 배후에 무엇이 있을까요?'
'우리의 의지와 상관없이, 우리는 무엇을 대표할까요?'
'우리가 생각하는 교육문제가 우리의 교육문제의 실체가 맞을까요?'

아래 글은 당시 그 수업이 지나고 1년인가 지난 뒤의 수업 텍스트로 적었던 글을 제 책 『읽는다는 것의 미래』에 일부 수정해 옮긴 글입니다. 참고로 드립니다.

1. 2. 교육학의 주체문제

아감벤(『호모 사케르』, 『아우슈비츠의 살아남은 자들』, 『예외상태』)의 '살아남은 자들의 증언으로 아우슈비츠의 실체를 알 수 있는가?'라는 질문은 교육학을 공부하는 우리의 존재론적 한계를 다시 생각할 수 있는 기회를 제공합니다. 우리를 '한국의 초중고등학교 교육시스템에서 살아남은 자들'이라고 가정할 경우 우리가 인식하는 한국의 교육문제는 실체가 아닐 가능성이 있습니다.

아감벤(『아우슈비츠의 살아남은 자들』)은 아우슈비츠수용소를 중심에 놓고 이루어진, '도대체 인간의 끝은 어디인가'에 관한 논의의 장에서 '아우슈비츠에서 살아남은 자의 증언으로 아우슈비츠의 실체를 알 수 있는가?'라고 묻습니다. 그는 아우슈비츠의 실체를 경험한 자들은 모두 죽었거나 살아남은 자들도 일반인의 언어로 그러한 경험을 말하지 못한다며 아우슈비츠에서 살아남은 자들의 증언이 가진 한계를 지적합니다. 아우슈비츠와 우리나라 초중고등학교 교육시스템 간에는 서로 직접 비교하는 것이 부적절한 질적 차이가 있음에도 불구하고 아감벤의 질문을 우리나라 교육시스템에 대해서도 제기해볼 수 있습니다.

사범대학이나 교육대학교에서 (교과)교육학을 공부했거나 현재 (교과)교육학을 연구하거나 교육정책을 기획하고 개발해 집행하는 과정에 속한 교육공무원이나 연구직에 있는 사람은 아마 초중고등학교 때 성적이 좋았을 것입니다. 내신도 상위등급이었을 것이고, 수능시험 또는 학력고사성적도 상위 몇 %에 속했을 것입니다. 우리나라의 사범대학과 교육대학교에 입학하기 위해서는 제법 상위성적을 기록해야 합니다.

고등학교 때 성적이 좋으려면 하루에 잠자는 시간을 줄여가며 열심히 공부해야 할뿐만 아니라 몇 가지 규칙도 지켜야 합니다. 그중 한 가지를 소개해드리면, 문제출제자 의도를 파악하는 데 익숙해져야 합니다. 모든 시험은 크게 둘로 나눌 수 있습니다. 배우는 사람, 즉 시험 보는 사람의 고유한 생각을 답으로 제출해야 하는 시험과 출제자, 즉 가르치는 주체가 원하는 답을 답으로 제출해야 하는 시험입니다. 우리나라 고등학교 교육과정(초등학교와 중학교도 별반 다르지 않습니다)과 대학입학시험은 출제자가 원하는 답을 답으로 제출해야 하는 시험입니다. 출제자가 원하는 답을 제출해야 하는 시험에서 수험자 생각은 배제되어야 합니다. 시험을 훈련하는 과정 내내 자기 생각을 배제하는 훈련을 받게 됩니다. 심지어 글을 한편 써야 하는 시험(논술시험)에서조차 출제자가 좋은 점수를 줄 수 있도록 채점자의 (추정되는) 형식에 맞추는 글쓰기훈련을 받습니다.

교육계에 종사하는 사람들은 아마 결석도 별로 하지 않았을 것입니다. 과거와 현재의 교육계 종사자들, 그리고 지금 저의 졸저를 읽고 있는 여러분과 저를 포함해 우리는 우리나라 교육시스템에 순응한 존재들에 해당됩니다. 물론 순응하지는 않았고, 시스템이 원하는 결과를 충족시키면서도 시스템의 범위 밖에서 자유를 누린 분들도 있을 것입니다. 흔히 천재라고 불리면서 말입니다. 특수한 경우를 제외하고 우리 대부분은 시스템에 순응하고 시스템이 요구하는 규칙을 지켜온 존재들입니다.

가르치는 사람에게 제일 소중한 존재는 성적이 좋으면서도 크게 모나지 않는 학생들입니다. 그들은 시스템의 모범사례로 동료학생들에게 작동합니다. 다음으로 바람직한 학생들은 하루 종일 자더라도 크게 모나지 않은 학생들입니다. 시스템의 모범사례가 되지는 않지만 상황을 파괴하지도 않습니다. 나쁜 사례는 성적이 좋거나 성적이 좋지 않거나 모난 학생들입니다. 성적이 좋으면서도 일탈을 벌이는 학생은 가르치는 사람의 존재를 무의미하게 만들고, 성적이 나쁘면서 일탈을 벌이는 학생은 가르치는 사람과 충돌합니다.

시스템에 순응하면 시스템은 인식대상이 되지 않습니다. 자기가 속한 시스템을 인식대상으로 다루지 않게 됩니다. 시스템에 순응한 사람은 시스템을 이해할 수 없습니다. 자기가 속한 시스템의 외부경계지점이 확인되지 않습니다. 시스템의 예외처리규칙을 알 수도 없습니다. 외부경계지점에 거주하는 존재, 예외로 분류된 존재는 시스템에 순응한 존재의 이해대상이 되지 못합니다.

우리는 학교에서 하루 종일 잠만 자거나 (규칙을 지키지 않는다는 의미에서) 불량한 학생들과는 친구로 지내지 않았을 것입니다. 우리는 대한민국의 교육시스템에서 살아남은 존재들일 수 있습니다. 교육시스템 내의 규칙을 지키고, 시스템을 벗어나기 위해 지켜야 할 규칙을 지켜 시스템으로부터 성공적으로 벗어난 존재들입니다. 우리는 시스템 내에 속한 동안 시스템에 적응하지 못한 존재들과 공통의 경험을 갖지 않았습니다. 하루 종일 교실에서 잠을 잤다고 해도 밤에 자는 시간이 모자랐기 때문이고, 교실 내에서 다른 공부를 하더라도 본인에게(해당수업 내용보다) 더 중요하게 공부할 거리가 있기 때문입니다. 그러나 학교를 다니거나 교실에 앉아 수업을 듣거나 시험을 보는 등의 생활에 이유를 찾지 못하는 또 다른 존재들이 있습니다. 우리는 시스템 내에서의 그들의 상태를 알 수 없습니다. 아우슈비츠수용소 내에서 인간이지만 인간이 아닌 존재의 이름이었던 '무젤만Muselmann', 우리 모두가, 특정 상황에서는, 모두 무젤만입니다. 교실에서 하루 종일 잠을 자는 학생은 우리 시스템 내의 무젤만입니다.

그들은 왜 하루 종일 잠을 잘까요? 우리가 그들을 이해할 수 있는 순간이 올까요?

1. 3. 교육학을 전공한 학자들이 교육(문제)를 알 수 있는가? 무엇을 알 수 있는가?

'우리'는 매우 위험한 표현입니다. 오해를 줄이기 위해 '우리'의 조건, 즉 내부의 중심과 외부의 경계를 정의해야 합니다. 이 수업에서 사용하는 '우리'는 사범대학과 교육대학교를 입학한 뒤 교육계 내의 전문가의 길을 걷기 시작한 대학생들을 포함하고, 그러한 과정을 거친 뒤 교육계에서 자기 역할을 수행 중인 사람을 포함하는 말입니다. 시도교육청을 포함한 정부 또는 정부산하교육기관 근무자, 초중고등학교 교사와 성인 교육기관의 교수를 포함합니다.

글을 시작하기에 앞서 '우리'를 다시 정의했습니다. 이 책에서 사용하는 '우리' 역시 위의 정의와 크게 다르지 않으며, 다양한 위치에서 교육(적인 실천)을 행하는 사람을 의미합니다. 초중고등학교 교사, 대학교수, 시도교육청을 포함한 교육기관에 소속된 공무원, 사범대학과 교육대학교 재학생 그리고 졸업생을 포함하는 의미로 사용되고 있습니다. 그들에게는 '교육시스템에서 살아남은 자'라는 공통된 특징이 있습니다. 시스템 내의 규칙을 따르고 시스템을 벗어난 존재들입니다.

1. 4. 우리나라 교육시스템에서 살아남은 자들이 우리나라 교육시스템의 실체적 문제를 알 수 있는가?

우리나라에서 교육문제를 제기하고 그에 대한 해법을 탐구하고, 탐구된 해법을 정책으로 고안해 실행하는 사람들은 '우리'입니다. '우리'는 모두(많이 양보하더라도, 대부분) 우리나라 초중고등학교 교육시스템에서 살아남은 사람들입니다. 우리가 발견하는 문제가 교육문제의 실체인 것이 맞을까요?

교육문제는 교육문제를 제기하는 주체와 분리되어 탄생할 수 없습니다. 우리는 우리의 교육문제를 제기합니다. 단 우리 한계를 알면서 교육문제를 제기할 때 그리고 한계를 알지 못하면서 교육문제를 제기할 때의 차이는 매우 큽니다.

자기가 거짓말을 하는지 모르면서 거짓말하는 사람과는 대화할 수 없기 때문입니다.

2. 교육학의 주체에 대한 서울대학교사범대학 학생들의 이야기

2020년 1학기, 서울대학교사범대학교 학생들과 함께한 '컴퓨터의 개념 및 실습'은 바이러스시대를 맞아 100% 온라인으로 진행되었습니다. 영상을 공유하는 방법보다 글로 적힌 텍스트를 공유하고, 그것에 기초해 온라인 환경에서 토론하는 방법으로 운영되었습니다. 15개 이상의 텍스트가 작성되었습니다. 하나, 하나의 텍스트에는 모두 100개가 넘는 코멘트와 의견이 매달렸습니다.

각각의 텍스트에 달린 학생들의 의견이 100개 이상이라고 적기는 했습니다만, 의견은 하나하나 셀 수 있는 단위가 아닙니다. 코멘트와 의견은 셀 수 있는 분절되는 단위 형태로 존재하지 않기 때문입니다. 약 60명 정도의 수강생과 1학기를 보내며 매우 풍부한 경험을 할 수 있었습니다. 그들에게 감사드립니다.

2020년 2월, 코로나19 상황이 심각해지면서 일단 온라인을 중심으로 강의를 운영해야겠다고 판단한 뒤, 수업시간에 교실에서 '말로 하려 준비한' 내용을 모두 글로 적기 시작했습니다. 본서는 당시 '글로 적은 텍스트'를 기초로 만들어졌습니다.

앞 장의 글 '우리가 판단하는 교육문제는 교육문제의 실체가 맞는가?'는 해당 강의의 제일 마지막 텍스트로 학생들에게 제공한 글입니다. 이 텍스트에 달렸던 의견의 일부를 이곳에 옮겨둡니다. 실명은 표기하지 않고 소속전공만 표시하겠습니다. 서울대학교사범대학 학생들 이야기입니다.

JIY(화학교육과): 교육시스템 속에 살아남았고, 그러한 우리는 시스템을 인지조차 못하고 있을 수 있다는 말이 인상 깊었습니다. 저를 되돌아보면, 교육시스템에 대한 논의와 생각은 계속해왔지만 시스템의 방향만 생각했지 그 속에서 그것을 견뎌내야 할 학생들은 생각하지 못했습니다. 고등학교 때 수업에서 항상 반항하던 친구에게 한 선생님께서 '지금 선생님들이 다 우등생이었을 거라 너희들을 다 이해해주지 못하는 게 참 미안하다'고 하셨습니다. 그때도 그 말이 적잖은 충격이었고, 이번 글은 그때 그 충격을 진지한 고민으로 받아들이게 했습니다. 아우슈비츠수용소 내 생존자가 그곳의 실상을 다 안다고 할 수 없는 것처럼, 교육시스템 내 생존자는 교육 내 문제점을 다 이야기하지 못합니다. 그런데 한편으로는 수용소 내 실상을 아는 자들이 그것을 이야기하지 못하는 것처럼, 교육시스템에서 살아남지 못한 자들도 교육에 문제를 제기할 기회를 갖지 못합니다. 그것은 사회구조상 당연하면서도 현실적인 결과입니다. 학교에서 어려움을 겪어 부적응한 사람들이 그들의 의견을 말할 기회를 갖게 된다면, 그때는 그들도 일종의, 조금 늦은 생존자가 된 상태일 겁니다. 구조상 잔인하지만 교육뿐만 아니라 모든 문제에서 생존하지 못한 자의 목소리는 담기기 어려운 듯합니다. 다만 생존한 사람들이 그들의 목소리까지 담기 위해 노력해야겠지요. 그러한 측면에서 마지막 마무리처럼, 우리는 우리 스스로의 한계를 알고, 그렇지 않은 자들의 목소리에 귀 기울여야 할 것입니다. 한 학기동안 감사했습니다.

SKJ(물리교육과): …… 이번 강의자료를 읽고, 좀 허를 찔린 듯한 느낌이 들었습니다. 여러 교직수업을 들으면서도 계속 미뤄왔던 질문인 '과연 내가 갖고 있는 교육관이 옳은 것일까?'라는 질문을 이제야 해볼 수 있었습니다.

영화의 결말이 충격적일수록 기억에 남듯이, 이번 강의가 기억에 많이 남을 것 같습니다. 감사합니다.

JWI(화학교육과): 이번 강의는 정말로 크게 와 닿으면서도 크게 와 닿지 않았습니다. 모순적인 말이지만 그렇다고 생각합니다. 제가 크게 와 닿고 공감한다고 하더라도 실제 경험하지 못한 제가 당사자들보다 더 공감하고 느낄 수는 없기 때문입니다. …… 공부만 하고 비슷한 친구들끼리만 어울렸기에 실제 고등학교의 실체에 대해 잘 알지도 못합니다. 즉 약자의 입장, 그리고 일반적 교육을 받는 평범한 학생들 입장 등을 거의 알지 못하고, 공감하기에 힘들 위치에 있었습니다. 아마 이는 서울대학교 학생들 또한 비슷할 것입니다. 우리가 생각하는 교육문제(주입식교육, 배움이 없는 교육 등)는 사실 현실적으로는 크게 의미가 없을지도 모릅니다. 공부와 상위대학교에 집중하는 상위 1~30%만을 위한 차별적인 교육학에 대한 연구일지도 모릅니다. 교사나 교육학연구자가 될 만한 상위권 학생들, 그리고 그러한 입장에서 생겨나는 교육학과 되물림은 분명 바뀌어야 합니다. 교육은 공부 잘하는 학생만을 위한 것도 아니고 성적과 대학을 위한 것도 아니기 때문입니다. …… 1학년 1학기에 이 강의를 들어 처음에는 교육학에 대해 감도 잡지 못했고, 교육에 대해 잘 알지 못했으나 강의를 점차 들으면서 정말 많은 내용에 공감하고 배울 수 있었습니다. 과제들도 무슨 내용을 써야 할지 고민이 많았고 시간도 많이 투자했기에 힘들다고도 생각했지만 그만큼 많이 배울 수 있었다고 생각합니다. 교수님의 강의를 들을 수 있어서 정말 감사했습니다. 앞으로 교육 또는 관련 분야에 종사하게 되면서 이 강의를 잊지 못할 것입니다. 한 학기동안 좋은 강의 들려주셔서 감사했습니다.

PHR(화학교육과): 감사합니다. 사범대학학생으로서 제가 가장 크게 매여 있던 물음이 이 강의자료에 다 담겨있습니다. 그리고 저는 그 의문에 아직도 매여 있습니다. 생각하면 할수록 모순이고, 생각하지 않으면 위선이라 처음 사범대학에 입학하고 그 생각으로 많이 방황(너무 거창한 단어네요)했던 기억이 납니다. 그냥 모순이자 교육시스템의 한계라고 생각하고 있었는데 이번 강의자료를 읽고 허황될지라도 한 번 돌파구를 설계해보자는 생각이 듭니다. 저는 제 자신이 교육에 대해 열려 있다고 자만하는 편인데, 과연 정말로 그러한지 진지하게 성찰도 같이 해보겠습니다.

JSB(지구과학교육과): '시스템에 순응하게 되면 시스템은 인식대상이 되지 않습니다'는 구절이 인상 깊었습니다. 모범생들(교육시스템에 순응한 사람들)은 현 교육의 핵심 문제를 깨닫지 못한 채 교육시스템을 구상하게 됩니다. 그렇게 구상된 교육시스템은 교육시스템에 적응하지 못한 사람들을 고려하지 않은 시스템이기에 그들은 여전히 시스템에 적응하지 못합니다. 결국 문제는 해결되지 않는 셈입니다. 그러한 과정이 계속 반복된다면, 앞으로도 교육시스템은 어떤 사람들에게는 답답하고 숨이 막히는, 속한 것만으로도 고통스러운 시스템이 될 것입니다. 이 글을 읽고 제가 어떤 점을 놓치고 있었는지 알 수 있었습니다. 저 또한 제 경험만 갖고 교육시스템의 문제점을 찾고자 했습니다. 중고등학교를 다니면서 자는 친구들, 수업을 전혀 듣지 않고 선생님을 비난하는 친구들 이야기를 들어보지 않았습니다(이해해보려고도 하지 않은 것 같습니다). 하지만 이 친구들까지 교육시스템에 적응해 성공적으로 이 시스템에서 벗어날 수 있을 때 비로소 교육시스템이 발전했다고 말할 수 있음을 깨달았습니다. 교육시스템에 적응하지 못한 사람들이 생각해온 교실의 문제점을 개선해 미래의 교실을 설계할 때 어떤 변화가 생길까요? 사람마다 교육시스템을 바라보는 시선이 다른 만큼 미래의 교실을 설계할 때 각기 다른 입장을 가진 사람들이 충분히 토론 및 논의하는 과정이 필요한 것 같습니다. 이 글을 읽고 우리나라 교육문제의 실체를 깨닫고, 교육문제를 다룰 때 어떤 태도를 지녀야 할지 다시 한 번 생각해보게 되었습니다. 감사합니다.

CNY(지구과학교육과): '인공지능의 교육학적 위치'를 생각해보는 과제를 수행하면서 스쳐지나가는 의문이었지만 이런 생각을 한 적이 있습니다. '인공지능의 교육학적 위치를 탐구하기 이전에 교사의 교육학적 위치는 명확하다고 말할 수 있을까?'

KJH(생물교육과): 살아남은 자는 결코 살아남지 못한 자들의 경험을 대변할 수 없다는 것, 무척이나 당연한 건데 이렇게 글로 확인하니 기분이 묘했습니다. 후배 A의 이메일을 읽을 때부터 살짝 울컥했다가 수업시간에 운 학생 이야기를 보고 감정을 다잡았습니다. 교실에서 잘 살아남은 결과로 여기까지 오게 된 저는 우리나라 교육시스템의 이면을 잘 몰랐고 지금도 모르지만 그 이면 속에서 살아온 학생들도 있다는 당연한 사실을 새삼 느껴 마음이 안 좋습니다. 문제를 해결하고 싶다는 건 너무 자만심 같고, 문제를 제대로 볼 수 있는 눈이라도 가질 수 있었으면 좋겠습니다.

PWH(생물교육과): …… 마지막까지 훌륭한 [배움]을 [가르쳐]주신 교수님께 정말 감사드립니다. 교수님 덕에 한 학기 동안 여러모로 성장하며 예비교사가 되기 위한 고민의 씨앗들을 많이 얻어 갑니다. 한 학기 정말 수고 많으셨습니다.

LKH(생물교육과): 저는 교수님의 글에 등장한, 교육시스템에 반항하지 않고 따라온 사람이자 다시 교육시스템을 만들어갈 사람의 부류에 속합니다. 사실 지난 12년간 학교를 다니며 교육시스템 또는 제가 다니던 학교에 문제가 있다고 느낀 적은 많았습니다. 과정보다는 결과를 중시하는 경향, 틀에 박힌 학교시간표, 학생들 간의 경쟁유도 등 누구나 한번쯤은 느껴보았을 만한 것들입니다. 하지만 지금 그때의 저를 되돌아보면, '굳이 내가 나서서 고쳐야 하나? 내가 노력한다고 고칠 수 있는 것인가?'라는 생각에 알면서도 그냥 눈감고 넘어갔던 것 같습니다. 그리고 저는 문제가 있다는 것을 알면서도 그러한 교육시스템에 적응하고 따랐던 사람이었던 터라, 지금은 그러한 문제들도 기억에 그다지 인상 깊게 남아있지 않습니다. 이렇게 생각해보니 새로 교육시스템을 설계하는 사람들도 대부분 이전의 교육시스템에 순응했던 사람들이라는 것이 정말 와 닿네요. 저는 미래에 교육 관련 일을 하고자 하는 사람으로서 교육방법, 학교시스템 등에 대해 생각할 때 이러한 점을 잊지 말아야겠다는 생각을 하게 되었습니다. 마지막 과제까지 깊게 생각할 거리를 주셔서 감사합니다.

JHS(수학교육과): 이번 글은 12개의 강의자료 중 가장 묵직하게 다가온 글이 아닐까 싶습니다. 저는 학교가 좋았습니다. 지적 욕구를 충족시킬 수 있었고, 저를 격려하는 이도 많았습니다. 친구들은 저를 '재미없는 사람'이라고 생각했을지도 모르겠지만 나름의 방식대로 저를 존중해주었고, 해야 하는 일에 최선을 다하니 선생님들께서도 무한한 사랑을 보내주셨습니다. 학교에 가기 싫은 유일한 이유가 아침에 일어나야 하기 때문이었을 만큼 저는 학교를 사랑했습니다. 본격적으로 이번 강의에서 다루는 문제에 대해 생각해 본 것은 작년 11월이었습니다. 선생님들과 면접을 준비하며 '당신은 하위권 성적을 가진 학생을 이해할 수 있는가?'라는 질문을 접했습니다. 저는 어떻게든 상황을 넘어가야겠다는 목표 하나만으로 상당히 부끄러운 대답을 했습니다. 같은 학생들에게는 그럴듯해 보이는 대답이었겠지만 현장에 근무하는 선생님들께는 얼마나 터무니없는 소리로 들렸을까요. …… 지금 돌이켜보면 제 경험만 판단근거로 삼은(자연스러운 일이라고 확신합니다) '착시'였다는 생각이 듭니다. 이후 '과연 나는 학교라는 시스템을 완전히 이해하고 있는가?'라는 질문을 품었습니다. 이미 제가 고등학교 재학 중 품었던 시스템에 관한 질문들은 사라져버린 지 오래입니다. 졸업생이 되어버린 지금, 같은 질문을 떠올리기에 상황이 너무나 많이 바뀌었습니다. 재학 중 품었던 질문은 현장에 있는 날 것의 데이터인 만큼 가치가 높은 질문들입니다. 예비교사로서 그들에 대해 고심하는 경험은 꼭 필요합니다. 교수님께서 질문들을 통해 날아가 버린 기억을 떠올리는데 도움을 주셔서 감사하게 생각합니다. 한 학기동안 부족한 저를 [가르쳐] 주셔서 감사합니다. 이야기가 길어져서 더 자세한 이야기는 성찰일지에 쓰겠습니다!

JYJ(생물교육과): 제가 생각하는 교육문제는 실제 발전에 필요한 교육문제가 아닐 수 있다는 말이, 사범대학에 진학하고 나서 느꼈던 묘한 기시감에 대한 일종의 해답이 될 수 있었던 것 같습니다. 교육과정을 제대로 따라오지 않은/못한 사람들을 온전히 이해하고 공감할 수 없다는 말이, 슬프지만 맞는 말 같습니다. 저는 그들의 인생을 살지 못했으며, 그들을 온전히 객관화시켜 바라보는 것 또한 불가능할 것입니다. 제가 그들을 바라보는 기준은 제 삶과 가치관이며, 그들과의 대화를 통해 얻을 수 있는 정보는 제 경험이 아니기 때문에 온전히 이해할 수 없을 것입니다. 저는 현재 대한민국의 교육 시스템에서 그것으로부터 소외받은 사람들이 바라보는 바의 문제의식을 발견할 수 없지만 이 과정에서 제가 할 수 있는 게 무엇일지, 내가 해야만 하는 게 무엇일지, 과연 답을 내릴 수 있을지 생각해볼 것입니다. 지금 제가 이 수업을 들으며 했던 질문을 기억하겠습니다. 교육과 관련된 것을 넘어 다양한 경험을 해보고, 조금이나마 그들의 삶을 이해하려고 노력하겠습니다. 위선자가 아닌 상담자, 동반자로서의 교사로 성장하겠습니다. 한 학기 동안 교육이라는 개념에 대해 꼭 필요한 질문들을 던져주셔서 감사합니다.

KMK(화학교육과): '아우슈비츠의 실체를 경험한 사람은 모두 죽었다. 살아남은 생존자는 실체에 접근한 사람일 뿐'이라는 말을 들었을 때 머리가 잠시 멍해졌습니다. 저는 학생 때, 학교생활에 잘 적응하지 못하는 학생들이나 교사와 갈등을 겪는 학생들을 보면서 나중에 교사가 된다면 저런 학생들을 잘 케어 할 수 있는 교사가 되어야겠다고 생각했었습니다. 그런데 지금 보면, 그러한 학생들과 다른 삶을 살고, 살아감에서 그들과는 다른 목표와 의미를 갖고 살아온 내가 그들을 잘 이해할 수 있을까라는 생각이 듭니다. 나의 관점이 아닌, 그들의 관점에서 이해할 수 있을까요? 현재 우리는 제기할 수 있는 많은 교육문제에 대해 해결방안을 생각하지만 그러한 해결방안은 우리가 살아온 삶의 관점에서의 해결책일 것입니다. 전에 누군가, '서울대출신 교사가 학교에 부임한다면 하위권 학생들을 이해할 수 있을까? 그들은 철저히 학교에서 수업하는 교사에 대한 로망을 갖고 오지만 실상은 하위권 학생들과 "양아치들"이 더 많다'라는 말을 들은 적이 있습니다. 지금은 많이 부족하더라도 주체가 바뀐 해결책에 대해 생각해보고, 또 나의 삶에 비춘 것이 아닌 그들 삶에 비추어 이해해보려고 한다면 더 많은 교육문제 또는 우리가 생각하지 못했던 교육 속의 문제를 발견할 수 있을 것 같습니다.

KHJ(화학교육과): 저는 초중고등학교 시절, 성적과 관계없이 두루두루 잘 지냈다고 자부할 수 있습니다. 오히려 성적 좋은 애들과는 친하게 지내지 못했고 성적이 낮더라도 저와 관심사(게임이나 만화)가 비슷한 친구들과 지금까지 친구로 지내고 있습니다. 그래서인지 제가 생각하고, 제기했던 교육 문제는 성적이 낮고, 교실에 제대로 적응하지 못한 학생들에게도 적용되는 문제라고 착각하며 지냈던 것 같습니다. 이번 강의자료를 읽으면서 초등학교 때 한 경험이 떠올랐습니다. 초등학교 6학년 때, 제 담임선생님을 매우 좋아했고(2년 연속 담임선생님), 선생님은 정말 교육의 본질에 맞게 문제 제기할 것도 없이 잘 가르치신다고 생각했습니다. 그런데 시간이 좀 흐르고 저와 함께 게임하고 놀았던 친구들이 저에게 선생님이 가끔 싫었다고 얘기 해주었습니다. 저는 선생님을 멋지다고 생각한 채 살아왔기에 이유를 함께 물어봤고, 선생님에 대한 제 생각이 조금씩 바뀌었습니다. 생각해보니 수업 방식이 모두를 위한 것이 아니라 조금은 공부를 잘하는 학생에게 맞춰져 있던 것 같고, 공부를 제대로 하지 못하는 학생들에게는 억울하고 불리한 것이 었습니다. 하지만 저는 공부를 잘하는 편이어서 그러한 부조리함을 전혀 눈치 채지 못하고 선생님을 완벽한 선생님이라고 착각해온 것입니다. 그것이 바로 기억의 왜곡, 내가 생각한 이상적 교육방식이 모두에게 이상적인가에 대한 질문을 던지게 된 계기였던 것 같습니다. 저는 물론 여전히 당시 선생님을 좋아합니다. 그러나 이 강의자료를 읽으면서 이미 우리나라 교육현장에 잘 적응해온 내가 우리나라의 교육문제를 비판하는 것이 맞을지 다시금 고민하게 되었고, 내가 사는 세계, 내가 바라본 세계뿐만 아니라 제 친구들, 그리고 모두가 바라본 세계를 꼭 고민하며 교육문제를 비판해야겠다는 다짐을 하게 되었습니다. 경험들을 통해 제 자신의 한계(교육현장에 적응해버린 '나'가 바라본 교육문제에서 오는 폭 좁은 시야)를 인정하고 교육문제를 살펴보는 것을 목표로 해 앞으로 교육 분야를 공부할 것입니다. 마지막 강의까지 제 마음속 허점을 제대로 찌르는 좋은 강의, 앞으로 내가 교육 분야 공부 및 교육현장 체험을 하면서 잊지 말아야 할 강의였습니다. 서울대학교사범대학학생으로서 교육에 발 딛는 첫 강의가 교수님 강의여서 다행이고 감사합니다.

2

가르치는 인공지능에 대한
추측과 전망

인공지능이 학습하는 시대에 가르치는 인공지능도 가능할까요?

머신러닝, 딥러닝 등의 이름으로 부르는 '인공지능의 학습알고리즘'은 이제, 상식이 되었습니다. 누구나 알고 있습니다. 구체적 방법은 모르더라도 (스스로) 학습해 능력을 키워가는 인공지능이 존재한다는 사실은 누구나 압니다. 알파고가 버전을 올리면서 등장한 마지막 버전, 알파 제로가 인간과의 상호작용 없이, 말하자면 '빈 서판'에서 시작해 바둑의 최고수가 된 사례도 역시 상식이 되었습니다.

배우는 인공지능은 존재합니다. 그렇다면 가르치는 인공지능도 가능할까요?

3. 가르치는 인공지능은 소크라테스처럼 질문할까요?

맙소사! 소크라테스 선생이 또 무식한 체 시치미를 떼시는군. 내 그럴 줄 알았소. 그래서 내 잠시 전에 여기 이분들에게 예언했소. 누가 무슨 질문을 하면 그대는 대답은 하지 않고 대답을 회피하기 위해 무식한 척 무슨 짓이든 할 것이라고 말이오 (플라톤, 천병희 역, 『국가』, 숲, 337a).

소크라테스는 질문 받으면, 질문으로 되돌립니다. 연속된 질문으로 질문자의 '앎'을 끌어내 잘 보이도록 드러내는 그의 방법에 사람들은 '산파술'이라는 이름을 붙여주었습니다.

소크라테스가 다루는 질문은 둘 사이에 공유하는 합의를 확인하는 과정이거나 상대방이 받아들일 수 있는 기본전제에 대한 합의를 요청하는 형태로 제기됩니다. 질문을 제기한 사람이 합의한 조건하에서 질문에 대한 대답을 다룹니다.

질문자에 의해 제기된 질문이 아니라 대화과정에서 '확인된 질문' 역시 비슷한 방식으로 다룹니다. 우리가 '당연히 동의하는 것들'을 확인하는 질문과 답변의 연속을 지나면 합의 가능한 답이 드러납니다. 소크라테스로부터 제기되는 연속된 질문은 자연스럽게 질문자를 움직이지 못하게 묶습니다. 연속된 질문에 대답하며 순서대로 따라가다 보면 어느새 본인이 처음에 제기한 질문에 도달하게 되고, 답은 드러나 있고 그것을 수용하는 것 이외의 선택지는 없는 상태가 됩니다.

'세상에 질문자가 Yes/No, 둘 중 하나로 선택할 수 있는 문제들은 제한적이다. 일상생활 속에서 만나는 대부분의 문제는 Yes/No의 선택지를 갖는 연속된 문제로 분해될 수 없다' 등의 문제가 당연히 제기될 수 있습니다만 우리의 '교육학'은 이 문답법을 하나의 모형으로 사용해왔습니다. 즉 소크라테스의 문답법은 교육학의 원형이고, 사고실험이자 개념 모형입니다. 소크라테스가 다룬 질문의 예를 살펴보겠습니다. 이 책의 주제, 즉 '가르치는 인공지능은 가능한가?'와 직접 관련되는 질문입니다.

'우리는 어떻게 알고 있지 않은 것을 알 수 있는가?'라고 메논이 묻습니다.

당신은 어떤 방식으로 이것을 탐구하실 겁니까. 소크라테스? 당신께서 그것이 무엇인지를 전적으로 알지 못한다면 말이죠. 당신께서 알지 못하는 것들 중에서 어떤 것을 내세우고 나서 탐구하실 겁니까? 혹시 당신께서 그것과 정확히 딱 마주친다고 하더라도, 이것이 당신께서 알지 못했던 것인지를 어떻게 아실 수 있겠습니까?(『메논』, 80d)

'알고 있지 않은 것을 알게 되는 것은 어떻게 가능한가?'로 시작된 『메논』에서의 소크라테스의 문답은 영혼의 불멸과 윤회로 마무리됩니다.

적어도 나에겐 그렇게 보이지 않네.
어째서 그런지 말씀하실 수 있습니까?
물론이지. 왜냐하면 난 신적인 일들을 잘 아는 남자들과 여자들이 하는 말을 들었기 때문이네. …… 그들이 말하는 것은 이것이네. …… 그들은 인간의 영혼은 불멸한데, 삶을 마감하는 때가 있고 — 바로 이것을 사람들은 '죽는 것'으로 부르네 — 다시 태어나는 때가 있지만 결코 소멸하지는 않으며, 바로 이 때문에 삶을 가능한 한 경건하게 살아야 한다고 주장하니 말일세. …… 그리하여 영혼은 불멸할 뿐 아니라 여러 번 태어나고 여기 지상뿐만 아니라 하데스에 있는 이 모든 것을 보았기 때문에, 영혼이 배우지 않은 것은 없다네. 그래서 탁월함에 관해서든 다른 것에 관해서든 영혼이 어쨌든 전에 인식한 것을 상기할 수 있다는 것은 결코 놀랄 일이 아니네. 왜냐하면 자연 전체가 같은 혈통이고 영혼은 모든 것들을 배웠기 때문에 단 하나를 상기한 사람이 — 이것이 바로 사람들이 '배움'으로 부르는 것이네 — 그가 용감하고 탐구하는 데 지치지 않는다면 다른 모든 것을 스스로 발견하지 못할 이유는 전혀 없기 때문이지. 탐구와 배움은 결국 모두 상기니까 말일세.

소크라테스 식 문답법, 즉 교육학의 원형으로서의 산파술에서 '상기'는 불멸하는 영혼과 윤회의 관점에 따라 전생에 배운 것의 '상기'입니다. 결국 소크라테스에게 '알고 있지 않은 것'은 없습니다. 영혼이 지나온 전생에서 배운 것이 단지 태어나면서 잊혀지고, 배움, 즉 상기는 그렇게 잊힌 것을 되찾는 행위에 해당됩니다.

이 대화에 뒤이어 저 유명한 배우지 않았지만 기하학을 아는 노예 이야기가 이어지며, 배우지 않은 것을 어떻게 알 수 있는지를 메논에게 보여줍니다.

노예의 기하학 이야기가 끝난 뒤 소크라테스의 문답은 계속됩니다.

소크라테스: 그렇다면 이 아이가 지금 갖고 있는 인식은 그가 언젠가 획득한 것이거나, 아니면 언제나 갖고 있던 것이 아니겠나? 그래서 언제나 갖고 있었다면, 그는 또한 언제나 알았을 걸세. 하지만 언젠가 획득했다면 적어도 이승에서 획득하지는 않았을 걸세. 아니면 이 아이에게 누가 기하학 하는 걸 가르친 적이 있나? …… 이 아이에게 이 모든 것을 가르친 사람이 한 사람이라도 있는가? 왜냐하면 자넨 아마 그에 대해 당연히 알 테니까. 무엇보다도 이 아이가 자네 집에서 태어났고 양육되었으니 말이야.

메논: 적어도 제가 아는 바로는 누구도 이 아이를 가르친 적이 없습니다.

소크라테스: 그런데도 이런 확신들을 갖고 있지? 그렇지 않은가?

메논: 틀림없이 갖고 있는 것으로 보입니다. 소크라테스.

소크라테스: 그런데 이승에서 획득해 갖고 있는 게 아니라면, 다른 어떤 때에 갖고 있었고 배웠다는 것이 이제 분명하지 않은가?

메논: 그렇게 보입니다.

소크라테스: 그렇다면 적어도 이때는 그가 인간이 아니었을 때가 아닌가?

메논: 그렇습니다.

소크라테스: 그럼 그 아이가 인간인 동안뿐만 아니라 인간이 아닌 동안에도 아이 속에 참인 확신들이 있게 될 거라면 — 질문을 통해 일깨워졌을 때 비로소 인식들이 되는 그런 확신들 말이야 — 그의 영혼은 언제나 이미 배운 상태로 있게 되겠지? 왜냐하면 분명히 모든 시간에 걸쳐 그는 인간이거나 인간이 아니거나 둘 중 하나일 테니까."

메논은 이 의견에 속도 없이 '그렇게 보입니다'로 답합니다.

소크라테스: 그럼 있는 것들에 관한 참이 언제나 우리 영혼 속에 있다면 영혼은 불멸할 테고, 그러니까 자넨 용기를 내어 자네가 지금 인식하고 있지 않은 것을 — 즉 자네가 기억하고 있지 않은 것을 — 탐구하고 상기하도록 노력해야만 하지 않겠나? …… 우리가 인식하고 있지 않은 것들을 발견할 수도 없고 탐구할 필요도 없다고 생각할 때보다도 알지 못하는 것을 탐구해야만 한다고 우리가 생각할 때 우리는 더 나아지고 더 남자다워지며 덜 게을러질 거라는 사실, 바로 이것을 위해 난 기필코, 내가 할 수 있다면, 말들뿐 아니라 행동으로도 싸우려는 것이네(『메논』, 85d~86b).

그리고 메논은 이렇게 끝납니다.

…… 우리가 이 모든 논의에서 훌륭하게 탐구했을 뿐 아니라 말하고 있었다면, 탁월함은 본성적으로 있는 것도, 가르쳐질 수 있는 것도 아닐 테고, 신적인 섭리에 의해 누구든 그것이 생기는 사람에게 지성 없이 생길 것이네. …… 따라 이런 추론으로부터, 메논, 탁월함은 누구든 그것이 생기는 사람에게 신적인 섭리에 의해 생기는 것으로 우리에겐 보이네. 그러나 탁월함이 사람들에게 어떤 방식으로 생기는가에 앞서 먼저 탁월함 그 자체가 그 자체에서 도대체 무엇인가를 탐구하도록 노력할 때 비로소 그것에 관해 확실한 것을 알게 될 걸세(『메논』, 99e-100b).

소크라테스의 관점에 따르면

우리는 '상기' 과정을 통해 '알고 있지 않은 것을 알게 되는데',
사실 현재 알고 있지 않은 것은,
'영혼은 알고 있는데, 우리가 잊어버리고 있는 것'이 됩니다.

흥미로운 질문으로 시작된 『메논』의 연속된 질문을 따라간 뒤 만나게 되는 '영혼'은, 저에게는 '이해대상으로 다룰 수 없고, 받아들이기도 난처한 결론'입니다. 저에게 소크라테스 식 문답법은 절차적 정당성이 구성한 비극입니다.

셰익스피어의 비극도 유사한 방식으로 이해해볼 수 있습니다. 작은 결정들이 연속됩니다. 로미오도 결정하고 줄리엣도 결정하고 햄릿도 결정합니다. 어떤 결정은 간단히 이루어지고, 어떤 결정은 곰곰이 궁리하고 내려지고, 어떤 결정은 직관에 의해, 어떤 결정은 열정에 의해 이루어집니다. 각각의 결정상황에서의 선택에는 타당한 이유가 있습니다. 독자가 보기에도 혹은 독자가 주인공이 되었다고 가정하고 생각해보아도 그런 결정을 했을 것 같은 타당한 이유가 있습니다. 타당한 이유를 가진 작은 결정이 연속된 후, 모두 죽습니다.

플라톤이 남겨놓은 '대화형식'과 달리 셰익스피어는 '극형식'으로 우리에게 물어봅니다. 자, 이제 어떻게 할 것인가?라고 말입니다. 신화 속의 정리정돈된 세계(우리가 '고대'라고 부르는 세계)를 지나고, 종교와 신앙의 토대 위에 정리정돈된 세계(우리가 '중세'라고 부르는 세계)를 지나고,

인간이 곰곰이 궁리해 합리적으로 의사결정하는 세계(우리가 '근대'라고 부르는 세계)로 진행되던 과도기에 이런 문제는 어떻게 다룰 것인가?라고 묻습니다. 셰익스피어는 이야기 속에 덫을 놓은 뒤, 로미오와 줄리엣이 선택하게 합니다. 그리고 우리가 빠져버린 덫도 함께 보여줍니다. 각각의 절차에서 이루어질 합리적 의사결정문제로 구성된, 합리적으로 설계된 절차에 따라 이루어지는 의사결정들이 비극으로 이어집니다.

3. 1. 알고 있는 것과 알고 있지 않은 것 사이의 경계를 다루는 상기라는 소크라테스의 방법

알고 있는 것들로 이루어진 세계의 끝 건너편에는 '알고 있지 않은 것들'이 존재합니다. 이 세계의 끝, 즉 경계를 어떻게 탐구할 수 있을까요? 이 탐구의 중요한 전제는 '알고 있지 않은 것은 알고 있지 않기 때문에 알 수 없다'는 사실입니다. 알고 있지 않은 것을 어떻게 탐구대상으로 다룰 수 있을까? 이 역설을 풀어내는 가장 오래되었을 뿐만 아니라 가장 잘 알려진 풀이법을 우리에게 알려준 이는 소크라테스입니다. 대화술, 산파술 등으로 알려진 상기방법이 그것입니다. 본래 우리 안에 있던 어떤 것을 끄집어내면 알 수 있다는 관점입니다.

소크라테스가 알고 있지 않은 것을 다루는 방법은, 앞서 인용한, 그의 제자 플라톤에 의해 기록된 『메논』에 기록되어 있습니다. 탁월함이 가르침과 배움 같은 방법으로 획득될 수 있는 것인지(없던 것이 생기는 것인지, 있었지만 숨겨져 있던 것을 끄집어내야 하는 것인지), 탁월함을 다룰 수 있는 교사는 있는지(또는 존재 가능한지), 탁월함은 어떻게 발생하는지 (또는 발생하도록 할 수 있는지)에 대한 소크라테스와 메논 간의 대화로 구성되어 있습니다.

저자인 플라톤이 스승인 소크라테스를 변호하기 위해, 즉 공동체의 가치를 훼손하는 나쁜 교육자로 낙인 찍혀 처형된 스승의 죽음을 변론하기 위해 그리고 탁월함, 가르침과 배움 간의 불일치를 드러내고 그러한 불일치를 탐구하는 방법 자체(기존의 가치를 의심하며 혼란에 빠지게 되더라도 그러한 방법을 경험하는 것 자체)가 젊은이들을 위한 올바른 교육임을 드러내기 위해 기술되었습니다.

3. 2. 누구나 이해에 도달할 수 있다

소크라테스는 젊은이들에게 악영향을 미친다는 이유로 사형에 처해졌습니다. 공동체를 훼손할 가능성이 있는 생각을 젊은이들에게 심어준다는 것이었습니다. 소크라테스가 젊은이들에게 제시했던 제안을 이 정도의 문장으로 정리해볼 수 있을 것입니다.

'공동체가 정해놓은 원리들에 따라 그냥 판단하지 말고, 먼저 스스로 이해해보고 판단해보시라. 어렵지 않으니까, 누구나 이해에 이를 수 있으니까 그렇게 해보시라.'

신들이 정해놓은 신화 속의 원리에 따라 판단하고 결정하는 것이 익숙했던 당시의 세계에서, 먼저 스스로 이해해보고 판단해보자는 관점이 확산되던 고대그리스 세계에서 공동체가 정해놓은 원리들에 따라 이루어지던 판단과 결정 역시 '개인의 자유로운 이성에 기초해 판단해보자'

라고 소크라테스는 젊은이들에게 제안했던 것입니다. 공동체의 규칙을 보호해야 했던 당시 세계의 안녕을 책임지고 있다고 판단하고 있던 '책임자'들 입장에서 보면 혁명의 씨앗을 뿌리고 있는 존재였을 것입니다. 시키는 대로, 주어진 대로 생각하지 말고 스스로의 생각으로 판단해보라고 말했으니 말입니다. 소크라테스 시대를 지나 수백 년이 지난 뒤, 세계를 주름잡던 로마에서는 공동체 구성원으로서가 아니라 '개별적인 한 명의 인간'으로 신을 만나보자라는 관점 역시 확산되기 시작합니다.

기원전 5세기의 그리스나 1세기의 로마에서 '전체시스템을 보호하고, 관리하고 운영해야 하는 책임을 자임하던 집단'은 매우 혼란스러웠을 것입니다. 그러한 혼란의 와중에 소크라테스는 독배를 마시고 예수는 십자가에서 죽음을 맞습니다. 많은 것이 가려진 중세라는 블랙박스의 시대를 지나 '스스로 『성경』을 읽고 신을 만납시다'라는 관점이 확산되고, 신들의 이야기로 전해지던 우주의 원리를 인간의 경험에 기초한 이해방법(티코 브라헤Tyge Ottesen Brahe, 뉴턴, 갈릴레오)으로 확인할 수 있을 것이라는 믿음이 확산되고, 인간 자체와 인간이 사용하는 도구(생각)를 사유대상(칸트)으로 다루며 현재에 도착한 우리는 우리 생각으로, 생각하는 인공물, 즉 인공지능이라 이름 붙여진 인공물을 만들기 시작했습니다.

소크라테스 식 질문과 제안으로 돌아가, '먼저 스스로 이해해보고 판단해볼' 필요가 있습니다. 그리고 질문해보는 겁니다. 소크라테스 시절부터 이어져 내려온 질문을 말입니다. 우리는, 알고 있는 것과 알고 있지 않은 것 사이의 경계를 어떻게 다룰 수 있을까?

인공지능의 메시지는, 우리가 알고 있지 않는 존재의 상징인 신탁과 무엇이 다를까요?

우리 삶을 모아놓은 공동체의 표상 같은 빅데이터에서 추출된 메시지는 소크라테스가 극복하려 한 공동체 원리와 무엇이 다를까요?

우리는 인공지능을, 예수가 요구하고 아우구스티누스가 제안한 자유로운 개별자로 만날 수 있을까요?

우리는 인공지능을, 종교개혁 당시의 선언처럼, 우리 언어로 직접 읽을 수 있을까요?

우리는 인공지능의 동작 원리를, 뉴턴과 갈릴레오가 했던 대로 우리의 경험에 기초해 이해하고 판단할 수 있을까요?

우리는 우리 생각으로 만들어진 생각하는 인공물을 사유대상으로 다룰 수 있는 기반을 마련해둔 상태일까요?

우리는 인공지능에 의해 동작할 우리 세계를 이해할 수 있을까요?

3. 3. 알고리즘으로서의 소크라테스 질문

알고 있지 않은 것을 탐구대상으로 다루는 '소크라테스의 연속된 질문'은 인공지능에 의해 완성될 것입니다. 인공지능은 수십, 수백 명 단위의 학생이 아니라 수십만, 수백만 명 단위의 학생에게 '소크라테스 식 질문'을 제기하고 그에 대한 응답의 결과로 개인의 현재상태를 확인하고 그것을 해당개인과 개인의 법적 보호자와 공유할 수 있습니다. 그리고 '그러한 개인'에게 최적화된 '다음 질문'과 '연속된 질문'을 제기할 수 있습니다.

물론 당연히 시간도 오래 걸리고 매우 어려울 것입니다. 하지만 우리는 이미 한 번의 경험을 공유했습니다. '결코 안 될 것'이라고 판단했던 인류역사의 오랜 퍼즐을 인간보다 잘 풀어내는 '생각하는 기계'로서의 인공물을 만났습니다. 그런 인공물이 등장하는 데는 아주 오랜 시간이 걸릴 것이라는 판단이 무색해지게 말입니다.

소크라테스 수준은 되어야 '연속된 질문'으로 구성되는 과정이 의미 있게 동작할 것입니다. 하지만 그러한 상황은 인공지능이 있고, 없고와는 상관없는 문제입니다. 소크라테스 수준에 이른 인간, 그중에서도 어린 학생을 만나 '소크라테스 수준의 연속된 질문'을 제기해주는 역할을 담당해주는 인간은 현재에도 그리고 앞으로의 미래에도 매우 적을 것이기 때문입니다. 대부분의 학생은 '소크라테스 식 질문'에 노출될 기회조차 없습니다. 이제 두 가지 방향을 모두 검토해야 합니다. 인공지능에게 직접 맡겨 보거나 아니면 인공지능의 도움으로 보다 많은 교사가 '소크라테스 식 질문'이 가능한 교사로 변화하거나 말입니다.

3. 4. 소크라테스의 연속된 질문을 사용하는 인공지능

소크라테스 식 문답법의 흐름을 정리해보면 이렇습니다.

1. 질문자가 질문합니다. 혹은 질문/문제/탐구대상을 선택합니다. 가령 『메논』에서는 '우리는 어떻게 알고 있지 않은 것을 알 수 있는가?'라고 질문합니다.
2. 소크라테스는 질문자에게 질문을 되돌립니다. '당신도 당연히 이건 동의하지 않느냐?'라고 질문을 되돌립니다.
3. 앞선 질문에서 확인한 정보에 기초해 질문들이 연속됩니다. 질문자는 각

각의 질문에 당연하다는 듯이 답변을 선택합니다(그런 답변이 가능한 질문들로 질문의 연속을 만듭니다). 질문자의 응답/선택이 질문자의 전제로 쌓입니다.

4. 최초의 질문으로 되돌아옵니다. 연속된 질문에 의해 쌓인 전제들의 토대 위에 최초의 질문이 드러납니다.

5. 최초의 질문으로 돌아와 보면 대답은 이미 나와 있습니다.

절차를 따르고, 각 개별 단계에서 확보한 정보를 이용해 다음 단계를 실행하는 소크라테스 식 문답법은 '알고리즘'입니다. 문답과정을 지나면서 상기되어 드러나는 '앎'을, 소크라테스의 영혼과 전생처럼, 우리의 '이해대상 밖'에 위치시킨 뒤 남게 되는 방법(문답법)은 '알고리즘'입니다.

자 이제, 우리가 사고실험을 할 차례입니다. 질문하는 소크라테스를 '질문하는 인공지능'으로 대체해보는 것입니다. 그리고 우리 스스로에게 질문해보는 것입니다.

'가르치는 인공지능은 가능한가?'

3
알고리즘과 교육학

4. 가르치는 인공지능이 추구하는 가치는 교육이 추구하는 가치와 방향이 같을까요?

4. 1. 경험 1: 구글학술검색의 경험

박사학위논문을 구상하던 시절은 2009년이고, 당시 '구글학술검색' 서비스는 저에게 중요한 파트너였습니다. 1년 가까이 제 질문을 구글신에게 물어보며 보냈습니다. 나의 질문에 구글신이 들려준 답변이 연속된 질문을 만들었습니다. 머릿속에 질문과 키워드를 가득 넣고 개념공간을 만듭니다. '모든 질문은 벡터'라는 관점에서 보면, n차원 벡터공간이 머릿속에 구축되고 새로운 키워드와 질문은 이 n차원 벡터공간 속에서 '위치'를 찾는 방법으로 해석되거나 n차원 벡터공간을 재구성하는 데 사용됩니다.

하루 종일 구글신에게 키워드 형태로 질문을 던지면 리스트 형태로 답을 돌려주었습니다. 지금도 이 질문과 답변의 상호작용방법(키워드: 리스트)은 크게 바뀌지 않았습니다. 그 결과로 출력된 리스트를 훑어가며 제 질문의 타당함을 검증하는 것입니다.

제가 구글신에게 기대했던 바는 첫째, 제 질문(키워드들)과 관련된 선행연구를 찾아내 주는 것이었습니다. 논문을 쓰기 위해서는, 제 질문이 제기될만한 가치가 있다는 사실을 확인해야 합니다. 따라서 동일하거나 유사한 연구들, 즉 n차원 벡터공간에서 위치가 겹치는 연구들은 발견되면 안 됩니다. 만약 발견된다면 제 질문을 수정해야 합니다. 제 분야에서 동일한 문제를 풀어낸 연구결과가 없을 경우에만 해당주제를 제 학위논문주제로 선택할 수 있으니 말입니다. 지금은 더 풍부해졌지만 당시 구글학술검색엔진은 전 세계의 어떤 학술검색서비스보다 빠르고 풍부한 결과를 제공해주었습니다. 1년 가까이 1천편이 넘는 논문을 훑어본 뒤, 주제를 정했습니다.

당시 제 질문은, 설계이론의 특정영역에서 제기되는 질문이지만 교육학(교육공학)영역에서는 제기되지 않는 질문이었습니다. 당시 제 질문을 요약해보면, 전문가가 자기의 전문적 지식과 경험에 기초해 결과물(수업)을 설계하던 1980년대 이후 사용자(학생, 미래의 학생)의 요구를 확인한 뒤 결과물을 설계하는 방법(사용자중심설계User-Centered Design)이 주류가 되었습니다. 전문가의 고유한 판단보다는 사용자의 수요를 분석한 결과에 맞추어 제품(수업, 수업 도구)을 설계할 경우, 사용자가 만족해하는 결과물을 만들어내기가 더 좋다는 판단이 공유되던 시절입니다. 가령 수업이나 콘텐츠설계프로세스의 초반부에 사용자(예비학생)의 요구를 분석하는 단계를 두는 것입니다. 지금도 사용자중심설계는 교수설계의 중심입니다.

제 질문은 '분석당한 사용자의 요구가, 분석을 완료하고 설계물(의 프로토타입)이 개발되어 다시 그에게 되돌려질 때까지 그의 요구는 변하지 않고 그대로 남아 있을 것인가?'였습니다. 당시의 교수설계방법은 '변하지 않고 그대로 남아 있다'고 가정된 상태에서 정리정돈된 것으로 보였고, 새로운 설계방법을 고안해 제안하는 주제를 학위논문주제로 결정했습니다. 몇 년 동안 구글학술검색엔진이 제공해주는 길을 따라 걸었고, 그 결과 상대적으로 짧은 기간 내에 박사학위를 받고 졸업할 수 있었습니다. 졸업 후 반년 정도 지난 2012년 초, 당시의 키워드로 다시 구글링을 해본 뒤 좀 난처한 경험을 하게 되었습니다.

논문주제를 결정하는 일을 마무리하던 2010년 당시에는 검색결과리스트에 보이지 않던 연구들이 나타난 것입니다. 해당논문이 발표된 시기를 보면 당시 당연히 검색결과에 나타났어야 했습니다. 당시 그러한 연구논문들이 발견되었다면 제 졸업논문주제가 바뀌었을지도 모른다는 생각이 드는 순간이었습니다. 제 졸업논문주제는 제가 정한 게 아니라 '구글학술검색엔진'이 정한 것이 아닐까하는 의심이 든 것입니다. '지능형Intelligent장치'의 존재와 역할에 대해 의심하기 시작한 순간이기도 했습니다. 2017년에 그러한 의심을 정리해낸 책이 『생각하는 사물의 등장』입니다.

4. 2. 경험 2: 페이스북의 타임라인 경험

저를 위해 인지프로세스를 운용해주는 인공의 '지능형장치'의 존재를 더 확인해야겠다는 판단으로, 2012년에 페이스북 계정(계정 2)을 하나 더 생성했습니다. 새로 생성한 계정 2의 첫 친구는 흔히 보수의 심장이라고 부를 수 있는 곳에 계시는 '우파' 교수님이었고, 그분의 인연을 타고 계정 2는 '우파' 세계의 수십 명과 친구를 맺었습니다. 계정 1은 '좌파' 세계에 있는 백여 명을 친구로 두고 있었습니다. 몇 개월이 지나는 동안에도 계정 1과 계정 2의 타임라인에는 동일한 글과 사람이 올라오지 않았습니다. 계정 1과 계정 2는 서로 분리된 다른 세계에 거주했고, 몇 년이 지난 지금도 두 계정에는 다른 글이 올라옵니다.

페이스북은 '지능적'으로 제 사회관계를 생성합니다. 누구와 친구를 맺을지 추천하고, 누구의 글을 잘 보이도록 혹은 잘 보이지 않도록 배치할지 결정하면서 '사용자의 세계'를 구축합니다. 그리고 우리는 이 '기술적 배치' 혹은 '배치의 기술'을 의식하지 않습니다. 이 무-의식에 '기술 무의식'이라는 이름을 붙여 사용하겠습니다.

4. 3. '지능형'장치와 우리의 기술 무의식

지능형장치는 초기조건을 유지-강화하는 방식으로 세계를 구성합니다. 정치적으로 예민한 세계인 페이스북은 자신의 알고리즘을 사용자의 초기조건과는 다른 (정치적) 관점을 추천하는 방식으로 운용하지는 못할 것입니다. 추천알고리즘이 초기조건을 유지 강화하는 방식으로 작동할 경우 '필터버블'이 만들어집니다.

지능형장치의 '지능형'프로세스가 가진 몇 가지 전제는, 그것들이 구축한 세계를 우리가 탐구대상으로 다루기 어렵게 만듭니다. 지능형장치의 인지프로세스는 확보한 데이터의 범위를 넘지 못하고+우리는 전체

데이터를 알 수 없습니다. 물론 지능형장치가 데이터를 처리하는 '알고리즘'의 동작원리도 우리는 알 수 없습니다. 결국 지능형장치가 출력해주는 '리스트'가 계정 1과 계정 2 세계의 한계가 됩니다.

(학문)세계를 탐구대상으로 다루는 구글학술검색은 확보된 데이터에서 '리스트'를 생성하겠지만 우리는 해당 리스트 전체를 들여다볼 수 없으니, 출력된 '리스트'를 의심의 대상으로 다룰 수 없습니다. 구글신, 즉 지능형장치가 출력해주는 리스트가 우리의 학문세계의 한계가 됩니다. 이 '한계 지어지는 세계'는 더 좁아질 것입니다. '개인맞춤형'이라는 이름으로 말입니다. 구글학술검색의 지능형알고리즘은 우리의 학문적 탐구방향을 제안하고 우리의 학문세계의 경계를 구축하고, 페이스북은 우리가 커뮤니케이션하고 상호작용하며 정보를 공유해 공동체를 구성하는 사회관계를 (재)구성합니다.

이(것)들의 알고리즘이 어떤 규칙과 원리에 의해 동작하는지, 그것의 규칙과 원리를 사용자가 알 수 있을까요? 현재 사용자는 알 수 없고 앞으로도 알 수 없을 것입니다. 너무 복잡해 알려줘 봐야 소용없을 수도 있지만 알고리즘의 규칙과 원리가 구글과 페이스북이 막대한 돈을 벌어들이는, 자유시장 맥락에 따라 저작권의 범위 내에서 보호되는 핵심자산이기 때문에 공개되지 않을 것입니다.

우리는 지금처럼, 앞으로도 '지능형장치'의 생각을 알 수 없을 것입니다. 흔히 인공지능, 즉 인공인지시스템을 미래문제로 생각하지만 인공지능은 바로 지금의 문제입니다. 그리고 약한 인공지능과 강한 인공지능을 구분한 뒤, 강한 인공지능은 문제지만 약한 인공지능은 문제가 아닌 것처럼 다루지만 약한 인공지능 역시 문제이긴 마찬가지입니다.

일상생활 속에 배치되고 이미 자리를 확실하게 차지한 검색엔진과 추천기능이 보여주는 검색/추천결과를 기준으로 중요한 정보와 중요하지 않은 정보를 판단하면서도 우리는 검색엔진알고리즘의 규칙에 대해 (개인적으로, 그리고 사회적으로) 별다른 관심이 없습니다. 페이스북이 우리의 사회관계를 알아서 정리정돈(볼 필요가 있는 친구/정보와 볼 필요가 없는 친구/정보의 구분)하고 있음에도 불구하고 페이스북의 알고리즘에 대해 우리는 (개인적으로, 그리고 사회적으로) 별다른 관심이 없습니다.

구글이나 페이스북처럼 우리 삶 속에 있으면서도 우리가 감당할 수 없는 빅데이터를 분석하는 소프트웨어알고리즘이 우리에게 제공하는 해석(판단)결과에 대해 별다른 관심이 없는 상황이 이어진다면, 미래의 '지능형장치'들이 정보를 제공하고 의사결정하는 상황에 대해서도 우리는 별다른 관심을 기울이지 않을 가능성이 큽니다. 알고리즘에 대한 이러한 개인적 그리고 사회적인 태도를 수정하지 않고 그대로 유지한다면 인공지능에 대해서도 우리는 유사한 태도를 보일 것입니다.

지능형장치로 동작할 '가르치는 인공지능'은 가능할 수도 또 가능하지 않을 수도 있지만 만약 가능해지더라도 우리는 그(것)들이 우리를 특정한 방향으로 가르치고 있음을 '알지 못할 가능성'이 높습니다.

우리는 미래에 도착할 수 있는(물론 도착하지 않을 수도 있는), 인간의 능력을 뛰어넘는 어마어마한 인공지능이 아니라 현재 구현되어 있는 인공인지시스템에 대해 사유하고, 제어할 수 있는 방법을 찾아야 합니다. 그리고 그것들을 대상으로 하는 '지능형'이라는 장치의 가치가 우리가 추구하는/추구해야 하는 교육학의 가치와 방향이 같은지 검토해야 합니다. 이와 같은 교육학에 '장치의 교육학'이라고 이름을 붙여 사용해보겠습니다.

4. 4. '지능형'이라는 개념장치의 교육학, 장치의 교육학

모든 개념은 설명/이해 수준에 머무르지 않습니다. 명시적으로 표상되지 않더라도 암묵적으로 지향과 목표를 제시하는 장치이기도 합니다. '지능형'이라는 개념장치는 '개인화', '개별화', '개인맞춤형', '개인에게 적응적인'이라는 개념들과 함께 지향과 목표를 공유합니다. 그리고 인간에게만 부여되었던 '지능형'이라는 수식어는 이제, 인공물 앞에 붙어 있습니다.

'지능형'이라는 개념장치는 '벡터-들의 관계'로 풀어야 합니다. '지능형'이라는 이름으로 설명되는 현재의 변화 중 일부는 우리가 추구해야 할 가치와 방향이 같겠지만 달라질 가능성을 확인하고 검토해야 합니다. 이 차이를 확인하고 분석하기 위해 '지능형'이라는 이름으로 설명되는 현재의 방향은 우리가 추구하는 가치(의 방향)와의 관계를 벡터의 함수로 풀어야 합니다. 초기 값(위치)의 차이, 초기 각(방향)의 차이, 작용하는 힘의 크기에 따라 시간이 지남에 따라 완전히 다른 것을 지향할 가능성을 무시할 수 없습니다.

'지능형'은 난처한 장치(개념장치)입니다. 우리도 분명하게 알지 못

하지만 역사적으로 꾸준히 변해오고 있으며, 동시대로 제한하더라도 합의가 이루어졌다고 판단하기 어려운, 우리 인류가 추구하는 가치('가치 0')와 그것들의 가치('가치 i')를 '벡터 관점'에서 일치시켜야 하지만 우리는 아직 '가치 0'에 대해 분명하게 알지 못하고(합의보지 못하고), 아무래도+분명히+(장담컨대+) 3천년의 인류역사가 증명하듯 오랜 시간이 지나더라도 알지 못할 가능성이 높기 때문입니다.

'지능형'이 추구하는 가치는 교육이 추구하는 가치와 방향이 같을까요?

'가르치는 인공지능'이 추구하는 가치를, 우리 교육이 추구해온+추구해야 하는 가치와 방향을 같게 만들 방법을 찾아야 합니다. 이를 위해 우리의 '기술 무의식'을 탐구대상으로 다루어야 합니다.

5. 가르치는 인공지능은 스스로를 멈춰 세울 수 있을까요?

인공지능은 스스로를 종료시킬 수 있을까요?
우리는 인공지능이 위험한 수준에 도달하는 문제에 대해 쉽게 다음과 같은 판단을 합니다.

걱정할 필요 없어. 문제가 생길 것 같은 상황에 도달하면 자동으로 종료되도록 만들면 되니까.

인공지능이 말을 듣지 않거나 정해놓은 한계를 넘으려하거나 시도해서는 안 되는 것을 시도하려는 상황이 발생하면 강제로+자동으로 스스로를 종료시키는 코드를 알고리즘에 넣어두면 된다는 것입니다. 메인 알고리즘이 알아채지 못하도록 슬쩍 숨겨놓는 것입니다. 알고리즘이 동작하다가, 건너면 안 되는 강을 건너려는 시도가 발생하는 순간, 사전에 입력되어 있는 강제종료Shut Down 코드가 작동해 강제로+자동으로 스스로를 종료시키는 인공지능을 만들면 된다고 생각하는 것입니다. '강제로 그리고 자동으로'라는 조건이 필요한 이유는, 인공지능을 실시간+빈틈없이+꾸준히 모니터링하는 외부의 존재(문제가 발생하면 전원을 내리거나 종료버튼을 눌러 줄 외부의 존재)를 가정한 뒤, '위험해질 가능성이 없지 않은 인공지능을 멈춰 세우는 문제'를 풀 수는 없기 때문입니다. 인간이 쉼 없이+빈틈없이 모니터링할 수는 없으니, 또 다른 인공지능(인공지능 2)을 연결해두어 인공지능 2가 인공지능 1을 모니터링 하다가 인공지능 2가 인공지능 1의 종료코드를 실행시키는 방법도 해결책이 될 수는 없습니다. 인공지능 2를 모니터링하는 인공지능 3, 인공지능 n을 모니터링하는 인공지능 n+1까지 무한한 연속이 발생하기 때문입니다.

강제로+자동으로 멈추는 코드가 알고리즘에 포함되어야 한다면 바로 그러한 알고리즘에 포함되어야 합니다. 물론 알고리즘을 세분화하고 서로 연결한 뒤, 연결된 알고리즘을 모니터링하는 인공지능, 즉 인공지능 n+1 또는 연결된 인공지능 전체를 모니터링하는 '메타-인공지능'을 감시자로 포함하는, 인공지능시스템 전체를 설계하는 등의 방법을 검토해 볼 수 있을 것입니다. 저는 그와 같은 다수의 인공지능 단위가 상호 연결된 복잡한 시스템으로 이 문제를 다루지 않고, 그러한 해결책의 기본이 될, 스스로를 멈추는 기능이 포함된 단일한 알고리즘으로 한정지어 다루겠습니다.

알고리즘 A는 특정한 목적에 따라 절차를 수행하는 알고리즘입니다.
코드 z는 알고리즘 A가 특정조건에 도달하면 알고리즘 A의 절차를 종료시키는 코드입니다. 코드 z는 알고리즘 A에 포함되어 있습니다. 이제 핵심이 되는 문제는 이 코드 z가 언제나 실행될 수 있는 조건입니다. 즉 코드 z가 '모든 상황에서' 언제나 정상동작할지(알고리즘 A를 정지시킬지)의 여부가 증명되어야 합니다. 증명할 수 있을까요?

지금까지의 결과는 '증명할 수 없다'입니다. 기술적으로 불가능하다는 것이 아니라 논리적으로 불가능하다입니다. 현대적 의미의 컴퓨터와 인공지능의 초기 설계자인 튜링$^{Alan\ Turing}$이 1936년 논문에서 이 문제를 증명했습니다. 결론은, '알고리즘의 정지여부를 결정하는 일반적 방법은 없다'입니다.

5. 1. 알고리즘의 정지여부를 결정하는 일반적 방법이 있는가?

튜링의 증명은 1936년에 발표한 논문에 포함되어 있습니다만, 이 논문은 알고리즘/인공지능/컴퓨터를 멈춰 세우는 방법을 찾기 위해 작성된 것은 아닙니다. 20세기 초에 등장한 수학문제, 흔히 힐베르트의 '10번 문제'라고 불리는 수학문제를 증명하기 위한 것입니다. 요약과정에서 오해가 발생할 수 있는 어려운 문제이지만 요약해보겠습니다.

힐베르트의 '10번 문제'는 '어떤 형식의 방정식(디오판토스방정식)에는 언제나 해^{解}가 있음을 증명하는 방법은 존재한다'를 증명하는 문제입니다. 이 문제를 증명하기 위해 튜링은, 보편적으로 어떤 연산이건 해낼 수 있는 기계적 절차(튜링은 이를 기계Machine로 부릅니다)를 고안합니다. 그리고 해당 기계는 모든 연산이 가능하다는 점을 증명합니다. 그리고 이 기계로도 계산할 수 없는 수가 있음을 증명합니다. 즉 모든 연산을 수행할 수 있는 일반적 절차로서의 (개념적) 기계장치를 고안해 증명한 뒤, 해당 기계장치로도 계산할 수 없는 경우(수)가 있음을 증명합니다. 결국 일반적 절차가 없음이 확인되는 것입니다.

임의의 주어진 디오판토스방정식이 정수해를 갖는지를 결정하는 알고리즘Process을 제시하라는 힐베르트의 '10번 문제, 즉 어떤 방정식에 해가 있는지의 여부를 결정하는 문제'는 '결정문제Entscheidungsproblem/Decision Problem' 또는 특정계산의 종료여부(해가 있거나 해가 없거나)를 묻는 '정지문제Halting Problem'라고 부르는 문제로, 주어진 계산프로그램이 궁극적으로 정지하게 될 것인가의 여부를 확인할 수 있는 일반화 가능한 방법이 있는지를 묻습니다.

1936년에 튜링은 「결정문제에 응용한 계산가능한 수에 대해On Computable Numbers, with an Application to the Entscheidung sproblem」라는 논문에서 '방정식의 해가 있는지의 여부를 결정하는 일반적 절차/방법은 없다'를 증명하기 위해 Universal Computing Machine을 고안합니다. 그는 복잡한 기호들로 이루어진 표식들을 거쳐 논문의 마지막을 "We are now in a position to show that the Entscheidungsproblem cannot be solved. …… Hence the Entscheidungsproblem cannot be solved"로 마

무리합니다.

튜링은 앞의 논문에서 힐베르트의 '10번 문제'를 '결정하는 일반적 절차'가 존재하는지 여부는 '결정하는 machine'의 존재여부로 바꾸어 볼 수 있다고 제안합니다. 그때 machine은 기계적 절차에 따라 계산을 수행하는 개념장치입니다. The expression 'there is a general process for determining ……' has been used throughout this section as equivalent to 'there is a machine which will determine …….'

그때 고안된 machine이 이후 튜링머신이라고 불립니다.

그는 논문에서 '주어진 계산프로그램이 궁극적으로 정지하게 될 것인가의 "여부를 결정하는" 기계적 절차를 발견할 수 있다면 모든 수를 계산할 수 있음'을 증명하고, '계산할 수 없는 수가 존재한다'는 사실을 증명합니다. 결국 앞의 증명은 모순이 되고 '주어진 계산프로그램이 궁극적으로 정지하게 될 것인가의 여부를 결정하는 기계적 절차는 발견할 수 없다'가 됩니다.

이 문제를, '알고리즘의 멈춤여부를 증명하는 일반화 가능한 기계적 절차가 있는가?'라는 질문으로 바꾸어보면, 앞의 '위험한 인공지능의 멈춤문제'가 됩니다. '어떤 특정한 상황에 도착하면 자동으로 실행되도록 심어놓은 코드(코드 z)에 의해 해당프로그램(알고리즘 A)이 정지하게 될 것인가?'의 문제로 이해할 수 있기 때문입니다.

멈춤문제는, 복잡한 수학적 증명의 방법이 아니라 우리의 일상생활 속 경험을 통해 이해해 볼 수도 있습니다. 우리가 컴퓨터를 켜고, 워드프로세스프로그램을 실행한 뒤, 문서를 작성하는 상황을 생각해보겠습니다. 보고서를 적고 있다고 생각해보겠습니다. 문서작성방법(코드를 심어놓는 방법)으로 또는 문서를 작성하는 동안 해당 워드프로세스 프로그램을 종료시킬 수 있을까요? 불가능합니다(물론 시시때때로 다짜고짜 멈추어버리는 난처한 상황은 우리가 늘 경험하는 20세기 문제입니다만 21세기가 되었는데도 해결해주지 않는 건 참으로 큰 모순이라고 생각합니다). 문서작성창(차원)에서 벗어나 메뉴에 위치해 있는 종료기능을 실행시켜야 종료시킬 수 있습니다. 보고서작성워드프로세스를 주어진 계산프로그램이라고 하고, 작성된 보고서 또는 보고서에 포함된 문장을 '코드'라고 생각해보면 튜링의 정지문제와 유사한 상황이 됩니다. 실행 중인 코드를 실행시키는 프로그램(알고리즘, 인공지능)은 실행중인 코드로 (프로그램을) 종료시킬 수는 없습니다. 다른 비유를 들어보자면, 알고리즘 1을 알고리즘 2가 종료시키고, 알고리즘 2를 알고리즘 3이 종료시키고, …… 알고리즘 n을 알고리즘 n+1이 종료시키지만 알고리즘 n+1은 어떻게 종료되는가?/알고리즘 n+1이 종료되었음을 어떻게 확인할 수 있는가? 정도 됩니다.

튜링의 증명은 두 가지 큰 길로 분기시킬 수 있습니다. 하나는 계산 가능하다는 것이 무엇인지, 결국 계산 불가능하다는 것이 무엇인지입니다. 이 길에서 튜링머신을 만나게 됩니다. 다른 하나의 길은 '자기참조/자기지시'라고 번역하는 'self-reference', 재귀/재귀적이라고 번역하는 'recursion/recursive'을 지나, 칸토어의 무한 그리고 무한을 다루기 위해 사용한 방법인 대각선논법, 힐베르트의 꿈, 러셀의 역설, 괴델의 불완전성정리를 지나 다시 튜링을 만나게 됩니다.

첫 번째 길, 즉 계산가능한 수를 먼저 살펴보겠습니다. 이유는 모든 것을 계산할 수 있는 컴퓨터와 인공지능, 인공인지시스템, 지능형장치는 튜링으로부터 시작되었기 때문입니다.

계산이 불가능한 수는 존재합니다.

튜링은 대학을 졸업하고 바로 괴델의 불완전성정리에 매달립니다. 튜링이 대학에 입학한 해와 괴델이 불완전성정리를 발표한 해는 1931년으로 같습니다. 수학의 세계에 Dead-End를 만들어버린 것 같은 괴델의 증명문제를 해결하려고 했습니다. 그 과정에서 힐베르트의 결정문제를 증명하는 논문을 1936년에 발표한 것입니다(괴델은 힐베르트의 무모순문제를 증명했습니다). 먼저 괴델의 불완전성정리를 간단히 언급하고 지나가겠습니다.

우리가 괴델의 불완전성정리라고 부르는 정리는, 어떤 형식체계가 주어졌을 때 해당체계 내에서는 증명될 수 없는 명제가 항상 존재한다. 그리고 어떤 정리가 참이라고 해도, 그것을 수학적으로 증명하는 것이 불가능할 수 있다, 정도로 요약할 수 있습니다.

이 문제를 다루기 위해 튜링이 집중한 문제는 '계산가능한 수란 무엇인가', '그리고 어떻게 계산이 되는가'였습니다. 그에게 '결정가능'은 '계산 가능'입니다. 졸업 이후 출간한 1936년의 「계산가능한 수에 대해」 논문은 이 주제를 다룹니다. 튜링에게 계산은 극히 논리적이고, 직접적이며, 인간심리와는 무관하게 독립적이어서 기계로도 해당 과정을 따라 할 수 있는 절차와 단계로 구성된 과정입니다. 그런 의미로 '기계적 과정'입니다. 정보가 입력되면 어떤 절차, 즉 기계적 절차를 거친 뒤 결과가 출력되는 과정입니다. 그는 그러한 기계적 과정을 수행하는 개념장치를 먼저 고안합니다. 튜링머신이 그것입니다.

5. 2. 개념장치이자 사고실험으로서의 튜링머신

튜링머신은 개념장치입니다. 사고실험이기도 합니다. 튜링은 자신의 개념장치에 필요한 핵심적인 요소 3가지를 정의합니다. '테이프', '기호', 그리고 '상태State'입니다.

튜링머신은 무한한 테이프를 사용합니다. '테이프'는 (정)사각형 모양의 칸으로 나뉘어진 가느다란 긴 끈입니다. 칸에는 기호가 적혀 있습니다. 한 번에 한 칸, 즉 하나의 기호를 읽고 그것의 명령에 따라 튜링머신은 동작합니다. 테이프를 왼쪽으로, 오른쪽으로 이동할 수 있고 다음 칸으로 넘어갈 수도 있습니다. 빈 칸에는 기호를 쓸 수도 있고, 지울 수도 있습니다.

타자기를 좋아했던 튜링은 튜링머신을 타자기처럼 생각했지만 타자기를 사용해본 적이 없는 우리에게는 기차역으로 생각해도 좋을 것 같습니다. 테이프는 기차입니다. 이 플랫폼에서의 기차는 앞으로도 뒤로도 수월하게 이동할 수 있습니다. 기차는 한 단위 칸의 연속체이고, 각 칸에는 하나의 기호가 적혀 있습니다. 플랫폼은 매번 한 칸에서 하나의 기호를 읽어 스캔합니다. 튜링도 읽는 행위를 'scan'이라고 적었습니다. 그리고 이 기차의 길이는 무한합니다.

'기호'는 자연수 또는 정수라고 생각할 수 있습니다만, 튜링은 두 개의 기호로 합성된 기호열로 생각했습니다. 이진수 표기법을 따르는 기호열입니다. 무한하게 사용할 수 있지만 유한한 집합입니다. 튜링머신에서 사용되는 기호는 괴델의 괴델수매기기, 칸토어의 대각선논법, 불의 불대수 등에서처럼 논리명제를 수체계와 1:1로 연결해 매핑(사상)하는 방법으로 기호를 다루었습니다. 모든 논리명제는 자연수(정수)체계에서 1:1로 상응하는 수열을 발견할 수 있고, 테이프에 기록된 기호는 절차와 단계에 따라 기계적으로 처리 가능한 모든 논리명제를 기호형태로 기록할 수 있습니다.

튜링머신은 기호를 읽는 매순간의 '상태'를 결정할 수 있습니다. 우리가 흔히 설정Configuration이라는 단어로 사용하는, '상태를 정의하는 방법 혹은 정의된 상태'와 같습니다. 튜링머신은 한정된 수의 상태를 가집니다. 동일한 기호더라도 상태에 따라 다른 동작을 지시하고 발생시킬 수 있습니다. 각 동작을 완료한 뒤 튜링머신은 새로운 상태가 됩니다. 물론 동일한 상태를 유지할 수도 있어 새로운 상태는 이전 상태와 동일할 수도 있고 다를 수도 있습니다. 튜링머신은 특정한 계산에 사용되는 상태들은 재사용 가능하도록 표준적 방법으로 저장할 수 있습니다. 상태명세서라고도 할 수 있는 이 표준적 방법은 기계에 명령을 내리는 지시문(A 상태일 때, b기호는 c를 동작시켜라)이라고도 할 수 있습니다. 이 상태들의 체계, 상태명세서는 우리에게 익숙한 용어로 바꾸면 '프로그램' 또는 '알고리즘'입니다. 이 '상태'에 대한 아이디어로 프로그램/알고리즘이 내장된 컴퓨터가 고안됩니다. 상태들을 가진 튜링머신은 우리가 폰 노이만von Neumann 형이라고 부르는 현대식 컴퓨터의 원형에 해당합니다.

튜링머신에서는 이동, 인쇄, 삭제, 상태변환, 멈춤 등과 같은 원시적 동작/상태를 이용해 좀 더 큰 프로세스(알고리즘), 즉 기계적 연산의 연속체를 구축할 수 있고 이 연속체를 이용해 좀 더 큰 프로세스를 구성해 상태명세서에 저장한 뒤 재사용할 수 있습니다. 삭제 및 쓰기 기능을 이용해 테이프 역시 기호연속체의 저장매체로 사용할 수 있습니다. 생성된 기호연속체를 다음 칸 혹은 다른 어느 칸에 저장해 기억을 보조하는, 다음 동작을 위한 기호로 활용하는 것입니다. 기차역으로 들어오기 위해 지평선 너머로 아득하게 무한히 늘어선 칸들의 연속체, 그리고 각 칸에 기록된 기호의 연속체, 즉 알고리즘을 이용해 계산을 수행하는 것입니다.

5. 3. 멈출지의 여부를 알려주지 않는 튜링머신

튜링머신은 단계와 절차에 따라 동작하는 기계적 방법으로 수행가능한 모든 연산을 수행할 수 있는 가상의 개념장치이자 사고실험입니다. 튜링은 이 장치를 이용해 사람이 수로 연산할 수 있는 모든 연산을 기계가 수행할 수 있음을 증명합니다.

유한한 상태명세서와 유한한 입력값집합으로 구성된 튜링머신은 자기 자신에 상응하는 기호 역시 가질 수 있습니다. 기호를 부여하는 행위 혹은 부여된 기호를 '코드화'라고 이해할 수 있습니다. 튜링머신 자체에 상응하는 기호, 즉 코드 역시 존재하는 것입니다. 기계적 절차를 수행하는 모든 기계는 코드화될 수 있습니다. 가능한 모든 기계는 코드화되고 해당코드를 다시 입력값으로 가진 또 다른 기계가 가능합니다. 그렇게 범용^{Universal}기계를 고안한 것입니다. 튜링머신의 메타-튜링머신이라고도 할 수 있는 기계에 '범용튜링머신'이라는 이름을 붙였습니다. 메타-튜링머신, 즉 범용튜링머신은 기계의 코드(기계 수$^{machine\ Number}$)를 입력값으로 사용할 수 있습니다. 범용튜링머신플랫폼에 도착하는 기차의 칸에는 기계의 코드가 기록되어 있는 것입니다. 기계가 계산할 수 있는 문제는 메타-기계, 즉 범용튜링머신도 계산할 수 있습니다.

　기계의 동작이 기호로 바뀌고, 기호와 기호 간의 계산을 나타내기 위한 기호가 만들어지고, 이 기호들의 계산, 즉 기호들의 연속체를 위한 상태표가 만들어지고, 이 상태표를 대신하는 또 다른 상태표가, 절차와 단계에 따른 기계적 기호계산을 위한 알고리즘을 대신하는 또 다른 알고리즘, 기계를 대신하는 기계들 같은 재귀적이고 자기지시/자기참조적인 정의들이 튜링머신과 범용튜링머신이라는 개념장치를 설명합니다. 그리고 질문합니다. 튜링머신 A에 상응하는 기호가 해당튜링머신 A에 입력될 경우 튜링머신 A는 이 기호를 계산할 수 있는가?

　자신에 상응하는 기호를 입력받은 튜링머신 A는 절대 멈추지 않고 해석가능하지 않은 작업을 진행하면서 외부 관찰자에게 '멈출지의 여부'를 알려주지 않을 것입니다. 튜링머신 A에 상응하는 기호는 '계산가능하지 않은 수'가 되는 것입니다. 튜링은 계산가능하지 않은 수가 있음을 증명했지만 따지고 보면 계산가능하지 않은 수는 무궁무진합니다.

　칸토어의 대각선논법, 괴델의 괴델수매기기 방법으로 증명되었다시피 모든 논리명제는 정수로 1:1로 매핑됩니다. 결국 '계산가능여부를 알려주지 않는 수'는 '해법이 있는지의 여부를 알려주지 않는 논리명제가 존재함'을 의미합니다. 힐베르트의 꿈, 즉 모든 수학문제는 풀이가 가능하다는 사실을 증명하려 했던 '결정문제'가 증명된 것입니다. 튜링의 결론은 결정불가능한 문제가 있다, 즉 해가 있는지의 여부를 결정할 수 없는 수학문제가 존재한다는 것입니다. 그리고 '어떤 상황이 오더라도 인공지능을 멈춰 세울 수 있는 일반화 가능한 방법이 있는가?'에 해당하는 우리의 멈춤문제 역시 튜링의 이 방법으로 증명됩니다. 멈출지의 여부를 알 수 없는 알고리즘이 존재한다는 것입니다. 그리고 멈출지의 여부를 알 수 없는 알고리즘은 무궁무진합니다.

자기 자신을 입력값으로 품은 알고리즘은 스스로 멈출지의 여부를 알 수 없습니다.

'가르치는 인공지능'이 무언가 위험한 일을 하지 않을 수 있도록 위험한 경계에 도착하거나 위험한 의사결정을 시도하는 순간 강제로+스스로 멈추게 하는, 가르치는 인공지능 알고리즘 그 자체 내에 멈춤 코드(코드 z)를 넣어두는 방법으로는 '가르치는 인공지능의 위험성'을 다룰 수 없습니다.

6. 가르치는 인공지능은 스스로 생각할 수 있을까요?

6. 1. 날치의 역설

날치는 잠깐 동안 물 밖으로 나올 수 있는(잠시 하늘을 날죠) 바다생물입니다. 돌고래도 (약간) 그럴 수 있을 것입니다. 날치로 일반화하겠습니다. 특이한 목표를 자기의 숙원으로 삼은 날치 A가 있다고 가정해보겠습니다. '자기가 본 것을 자기의 공동체에, 다른 바다생물들에게 전해야 한다'는 숙원이 그것입니다. 날치 A는 바다생물들이 보다 넓은 세계를 경험하고 이해한 뒤, 새로운 세계를 꿈꿀 수 있도록 돕고 싶다는 커다란 숙원을 가집니다. 날치 A가 어쩌다가 그런 숙원을 품게 되었는지도 밝혀봐야 할 문제입니다만, 일단 지나가겠습니다. 날치 A가 소크라테스, 코페르니쿠스, 갈릴레오 같다는 생각만 공유하겠습니다. '우리세계 밖에 무한히 넓은 또 다른 세계가 있어. 그곳은 이곳과 완전히 달라. 보다 자유롭고 더 풍요로운 곳 같아. ……'

공동체 책임자들이 소크라테스를 싫어하고, 기존의 세계관을 보호하려 했던 책임자들이 코페르니쿠스와 갈릴레오를 싫어했던 것처럼, 분명 용왕님은 날치 A를 싫어했을 것입니다. 인어공주의 아버지가 그랬듯이 말입니다. 공동체의 규칙과 (용왕님과 조상들의) 절대성을 휘저어놓는 분탕질이나 하고, 젊은 세대에게 헛된 꿈을 꾸게 만드는 날치 A는 기본적으로, 따를 당했을 게 분명합니다. 자신이 경험/이해한 사실을 그것을 경험/이해하지 못한 다른 사람에게 전해야 하는 이 역설을 '날치의 역설'이라 이름 붙이겠습니다. 세이렌의 노래를 들은 오뒷세우스의 역설과도 유사합니다. 물론 원치 않은 전쟁에 참여한 뒤 단지 고향으로 돌아가는 것이 목표였던 오뒷세우스가 그런 숙원을 자기 것으로 선택했는지는 알 수 없지만 우리의 날치 A는 계몽과 보편교육의 숙원을 갖고 있습니다. 날치의 역설은 교육학전공자/교육계에 종사하는 사람들이 감당해야 하는 역설입니다.

1936년에 논문을 발표한 뒤, 튜링의 주제는 '생각하는 능력이 있는 기계'였습니다. 그런 기계가 가능함을 튜링머신을 이용해 증명하는 것입니다. 생각은 인간만이 할 수 있는, 인간 고유의 능력임을 공유하는 세계에 살면서 세계 밖(인공물도 생각하는 능력을 가질 수 있는 세계)을 본 뒤, 세계 속에서 사는 사람들에게 세계 밖 이야기를 들려주려 했습니다. 물론 튜링은 교육자는 아니었고, 날치 A가 선택한 숙원을 자기 것으로 하지도 않은 것 같습니다. 논문으로 들려주려 했습니다. 그리고 2차세계대전 이후 여기저기서 개념장치로서의 튜링머신이 실제로 개발됩니다. 영국에서 진행된 프로젝트에도, 미국에서 진행된 프로젝트에도 튜링은 참여하지 않습니다. 소크라테스가 '추방당하느니 차라리 죽겠소'라는 방법으로 이 역설에 대응했던(대응할 수밖에 없었던) 것처럼, 튜링 역시 이 날치의 역설에 휩쓸립니다.

튜링은 자살로 스스로를 멈추어 세웁니다. 스스로 죽어버린 사람이 왜 스스로를 멈추어 세웠었는지, 본질적인/가장 핵심이 되는 원인을 알아낼 방법은 없습니다. 특정 상황에서 살아남은 사람의 증언으로는 그러한 상황의 본질(죽음 혹은 죽음에 이르는 무언가)을 알아낼 수는 없습니다. 흔히 튜링의 죽음을 성적소수자의 자괴감 때문이라고들 설명하지만 날치의 역설 측면에서도 생각해봐야 합니다.

우리가 풀어야 하는 문제는 '무언가를 경험/이해한 사람(알아버린 사람, 알고 있는 사람)이 그것을 경험/이해하지 않은 사람(알고 있지 않은 사람)에게 자기가 알아낸 것을 전달하는 일'이 얼마나 고되고 외로운 일인지, 심지어는 불가능한/불가능에 가까운 일인지 밝히는 것입니다.

그런 의미에서 튜링은, 우리 문제의 대표사례일 수도 있습니다.

6. 2. 일이 꼬여버린 천재, 튜링

힐베르트의 질문(결정문제)에 대한 답으로, '해법이 있는지/없는지를 결정할 수 있는 수체계 내에서의 일반적 방법은 없다'는 증명을 포함하고 있는 1936년의 논문은, 흔히 종종 벌어지는 일처럼, 제때 출간되지 못했습니다. 그것을 평가할 사람이 없었고, 이리저리 치이다가 투고되고 한참 지난 뒤에 발표됩니다. 이후 프린스턴고등연구원에서 아인슈타인, 폰 노이만, 괴델 등과 교류하며 박사과정을 마친 뒤 영국으로 돌아와 일자리를 얻습니다.

당시 폰 노이만이 튜링에게 했다는 제안, 즉 '졸업한 뒤, 그냥 이곳 (프린스턴고등연구원)에 남는 것이 어떻겠느냐'는 제안은 종종, 역사를 뒤바꾸었을지도 모를 '만약 그랬다면'의 사례로 언급됩니다.

제2차세계대전이 발발하기 전인 1938년에 폴란드의 한 엔지니어에 의해 독일의 암호체계(애니그마)에 대한 기본정보가 영국에 알려집니다. 엔지니어가 공유해준 정보에 따라 장치를 제작해 본 뒤, 전쟁이 발발할 경우 매우 골치 아픈 대상이 될 가능성이 있음을 인지한 영국에서 독일의 암호체계를 해킹하기 위한 기관인 블레츨리파크가 만들어지고 튜링은 그곳에 취직합니다.

튜링은 전성기를 결국 음지에서 보냅니다('음지'란 KGB/FBI/CIA/MOSSAD/MI6/국성원[?]처럼 '음지에서 일하지만 양지를 지향한다'는 이들이 고용된 곳이라는 의미로 사용하겠습니다. 이상한 범죄소굴에서 일했다, 이런 것이 아니라 말이죠). 결국 튜링은 2차세계대전을 종료시키는 데 중요한 역할을 합니다. 그리고 튜링이 핵심적 역할을 한 것으로 알려진, 당시 최고의 암호체계(애니그마)를 해킹한 방법 그러니까 결국 암호를 생성하는 최고의 암호생성체계는 전쟁이 끝난 뒤에도 수십 년 동안 비밀에 붙여집니다.

전쟁이 끝난 뒤에도 비밀리에 이 암호체계(애니그마의 개선된 버전)가 계속 사용된 것입니다. 결국 20세기 후반부까지 비밀에 붙여집니다. 당연히 블래츨리파크 내에서의 튜링의 성과물도 비밀에 붙여집니다. 튜링은 음지를 떠났지만 사람들은 튜링이 무엇을 했는지, 무엇을 만들었는지 알지 못합니다. 튜링이 음지(음지의 특성상 그곳을 떠나더라도 한동안 계속 음지일 수밖에 없는 음지)에서 허우적거리는 동안 폰 노이만 같은 또 다른 천재가 양지를 정리정돈합니다. 결국 현대컴퓨터의 기본/원형에 '폰 노이만 형'이라는 이름이 붙습니다.

20세기 후반부가 되어서 관련 자료들이 비밀 해제되고 그가 음지에서 했던 성과들이 드러납니다. 그리고 세월이 흘러 그가 설계한 범용튜링머신을 모든 사람들이 주머니에 하나씩 넣고 다니는 시절이 옵니다.

6. 3. 범용튜링머신의 자기참조/자기지시

앞서 언급한 두 갈래길 중 Self-reference, Recursion/Recursive로 난 두 번 째 길, 훨씬 더 복잡한 길을 간단히 지나가 보겠습니다.

튜링머신 A가 자체에 상응하는 기호를, 즉 튜링머신 자체를 입력값으로 받았을 때 튜링머신은 어떤 결과를 어떻게 내놓을 수 있는가?를 일반화시키는 길이 그것입니다. 'Self-reference, 즉 자기참조/자기지시'로 이어지는 길입니다.

튜링이 '계산가능한 수'를 탐구할 때, 보다 정확히는 '계산불가능한 수'를 탐구할 때 사용한 방법은 괴델의 괴델수매기기방법 그리고 이전의 칸토어의 대각선논법과 유사합니다. 튜링은 수체계에서의 수와 계산단위들이 1:1로 연결 가능함을 증명합니다. 먼저 정수를 특정한 소수들의 집합으로 변환시키는 방법을 고안합니다. 이 방법은 '괴델수매기기'방법과 유사합니다. 예를 하나 들어보겠습니다. 180이라는 정수를 소수들의 집합으로 매핑하는 방법입니다. 180/2=90→90/2=45→45/3=15→15/3=5→ 5/5=1의 과정을 거쳐 $180=2^2 \times 3^2 \times 5$로 표현 가능합니다. 정수가 무한히 커지더라도 소수들의 무한히 큰 집합으로 표현 가능합니다. 모든 정수는 그러한 일반적인 기계적 과정을 통해 소수들의 집합으로 표시 가능합니다. 그리고 튜링머신은 그러한 일반화 가능한 기계적 과정을 수행할 수 있는 개념장치 혹은 기계장치입니다. 튜링에게 튜링머신은 물리적으로 제작해야만 하는 장치가 아니라 정수로 치환가능한 모든 연산을, 치환된 정수들의 기계적 절차를 통해 수행할 수 있는 개념장치입니다. 잘 고안된 개념장치여서 계산하는 기계 세계의 선배격인 베비지의 차분기관 등의 결과물과는 다른 역할을 할 수 있었습니다. 물리적 제작가능 여부와 상관없이 자유롭게 상상할 수 있는 기회를 제공할 수 있었습니다. 튜링머신에 일련의 기호가 입력됩니다. 그리고 하나하나의 기호는 특정한 계산을 의미합니다. 튜링머신은 정해진 상태에 따라 계산을 수행합니다. 그리고 특정단계에서 결과를 출력합니다. 출력결과에 따라 다음 과정을 계속하거나 결과를 제출하고 과정을 종료합니다. 그리고 범용튜링머신은 각각의 기계에 상응하는 기호를 입력값으로 사용할 수 있습니다. 튜링머신 A에 튜링머신 A에 상응하는 기호가 입력됩니다. 튜링머신 A는 무한루프에 빠지고, 결과를 출력하지 못하고 영원히 과정을 계속합니다.

수의 무한함을 이용해 모든 연산은 숫자로 1:1로 매핑(사상) 가능합니다. 끔찍하게 복잡한 연산은 끔찍하게 복잡한 수, 즉 복잡한 소수들의 집합으로 표현하면 됩니다. 그리고 튜링머신은 논리적 연산장치이기 때문에 튜링머신 역시 자신에 상응하는 수를 부여받을 수 있습니다. 이와 같은 개념적 계산장치가 가능함을 증명한 뒤 튜링머신의 입력값으로, 튜링머신 그 자체에 상응하는 수가 입력될 경우 튜링머신은 그 결과 출력이 가능하지 않습니다. 이미 수행 중인 과정을 그대로 따라 하라는 지침은 어떻게 결과를 출력할 수 있는가?입니다. 가상의 테이프와 임의의 기호, 그리고 기호를 읽는 기능과 상태를 조정하는 기능을 갖고 끝없는 시간 동안 무한한 메모리를 갖고 작업하는 이 개념장치는 단계와 절차로 구성된 모든 일을 할 수 있습니다. 단지 입력된 기호가 자기 자신에 상응하는 기호일 경우 결과를 전혀 내지 않은 채 무한히 돌아갈 것입니다. 계산가능하지 않습니다.

튜링의 논점은 그런 기계적 과정을 수행해 결과를 도출할 수 있는, 즉 계산가능한 논리장치는 불가능하다는 것이고, 결국 그런 유형의 계산은 '계산 불가능' 하다는 것입니다. 계산 불가능한 상황을 우리의 일상세계에서 확인해보겠습니다.

6. 4. 자기 자신을 원소로 포함하는 집합을 자기 자신이 다루는 문제

'나는 스스로 면도하지 않는 사람에게만 면도서비스를 제공해주는 이발사입니다'라는 문장은, 내가 '어떤 조건의 이발사라는 집합'에 포함되어 있는 진술에 해당합니다. 이 집합에 속한 나는 나를 면도할 수 있을까요? 만약 내가 나를 면도하게 되면 '스스로 면도하지 않는 사람에게만 면도서비스를 제공한다' 는 집합의 조건에 위배됩니다. 반대로 내가 나를 면도하지 않게 되면 '스스로 면도하지 않는 사람에게만 면도서비스를 제공한다'는 집합의 조건에 또다시 위배됩니다. 집합에 대한 정의에도 문제가 없고, 집합에 속한 나에 대한 진술 자체에도 문제가 없지만 나는 이 집합에 속하지만(초기조건) 동시에 속하지도 않아야 하는(집합의 조건 위배) 역설이 발생합니다. 우리가 사용하는 어떤 진술/명제는 그 자체로는 참이거나 거짓이지만 결국 참도 아니고 거짓도 아니거나, 참이기도 하고 거짓이기도 한 사례가 존재합니다. 굉장히/무한히 많습니다.

앞의 사례는 '이발사의 역설'이라고도 불리는 역설입니다. 논리적으로 역설이고 이율배반입니다. 참일 수도 없고 거짓일 수도 없거나, 참이기도 하고 거짓이기도 합니다.

'거짓말쟁이의 역설'도 있습니다. '나는 거짓말을 하고 있다'라고 누군가가 말했다고 가정하겠습니다. 이 주장은 참일까요? 거짓일까요? 만일 진짜로 거짓말하고 있다면 그는 진실을 말하고 있는 것입니다. 이 문장은 참입니다. 하지만 만일 진실을 말하고 있다면 그는 거짓말하고 있는 것입니다. 결국 이 문장은 참이기도 하고 거짓이기도 합니다. 흔히 '거짓말쟁이의 역설'이라고 합니다.

그러한 역설은 '단일한 진술'에서만 발생하는 것도 아닙니다. 하나하나의 진술에서는 역설이 발생하지 않지만 그러한 진술이 모이면 역설이 발생합니다. 즉 원소 하나하나는 문제가 없지만 원소로 구성된 집합 단위에서는 문제가 발생할 수 있는 사례입니다.

다음은 진술문 두 개를 원소로 하는 진술문 집합의 예입니다.

1) '다음 진술은 거짓입니다.'

2) '앞의 진술은 참입니다.'

두 진술문 각각은 참과 거짓 둘 중 하나일 것입니다. 참과 거짓의 중간에 걸쳐있지 않습니다. 하지만 두 진술이 하나의 집합을 구성할 때 문제가 생깁니다. 만약 1번 진술이 참이라면 2번 진술이 거짓이 되니, '앞의 진술은 거짓'이라는 의미가 되고, 결국 1번 진술은 거짓이 됩니다. 만약 1번 진술이 거짓이라면 2번 진술은 참이 되니 '앞의 진술은 참'이 되고, 결국 1번 진술은 참이 됩니다. 하나의 집합을 구성한 각각 무모순인 진술이 해당집합을 모순이 있는 집합으로 만듭니다. 이 집합에서는 이 진술문의 무모순 여부를 증명할 수 없습니다.

이런 역설은 무궁무진합니다.

20세기 초, 러셀은 그러한 역설이 '자기 자신을 원소로 갖지 않은 집합을 모두 모은 집합'에서 언제나 발생한다는 사실을 확인합니다. 그러한 역설은, 의미 있는 모든 진술은 참이거나 아니면 거짓이지 참과 거짓의 중간에 걸친 것은 없다는, 수천 년 동안 사유의 기본원리로 인정받아 온 아리스토텔레스의 배중률Law of Excluded Middle에 위배되는 역설입니다.

6. 5. 참과 거짓을 증명할 수 없는 논리체계집합

그러한 역설은, 수학계 전체 그리고 논리학 전체로 확대됩니다. '이발사의 역설', '거짓말쟁이의 역설'처럼 현실세계에서 발견할 수 있는 사례를 좀 더 논리의 세계로 옮겨보겠습니다.

'이 진술은 거짓이다.' 문장 그대로 이 진술이 거짓이라면 진술 자체가 거짓이 되니 (배중률의 관점에 따라) 이 진술은 참이 됩니다. 만약 이 진술이 참이라면 문장 그대로 이 진술은 거짓이 됩니다. 이율배반입니다. 이 진술을 좀 더 괴델 쪽으로 옮겨보겠습니다.

'이 진술은 증명불가능하다.' 만약 이 진술이 증명불가능하다면 이 진술은 증명불가능하지 않습니다. 역시 배중률의 관점에 따라 그렇습니다. 하지만 만약 이 진술이 거짓, 즉 증명가능한 진술이라면 문장 그대로 이 진술은 증명불가능합니다. 결국 배중률의 틀 안에서, 즉 모순이 없는 형식체계 안에서 어떤 진술은 참이거나 동시에 거짓일 수 있게 됩니다. '다음 진술은 거짓이다', '앞의 진술은 참이다'처럼 개별진술은 무모순이지만 집합을 이룬 뒤에는 모순이 됩니다. 집합 자체는 무모순인 집합의 원소의 무모순여부를 해당집합 내에서 증명할 방법은 없습니다. 이와 같은 특징을 정리해보면, '특정한 형식체계(집합)가 무모순이라면 그것 안에서 참과 거짓여부를 증명할 수 없는 명제가 존재할 수 있다'입니다. 괴델의 불완전성정리의 현실세계 버전입니다.

결국 논리규칙 그리고 논리규칙의 집합에는 배중률의 원리가 적용되지 않는 사례가 존재합니다. 동시에 참이거나 거짓일 수도 있는 논리도 있고 논리집합도 있습니다.

러셀 등은 현실세계의 언어체제(논리체계)에서 발생하는 모순이 발생하지 않는 수학기호체계의 견고한 토대를 구축하기 위해 노력하지만 최종적으로는 만족할만한 해결방법을 찾지 못합니다(『수학원리』). 그러한 세계에 1931년에 25살의 괴델이 한 획을 긋습니다. 여기가 우리 세계의 끝이라고 말입니다. 불완전성정리Incompleteness Theorem가 그것입니다.

6. 6. 자기지시/자기참조 문제를 다루는 두 가지 방법, 그리고 교육학에서의 방법

튜링머신을 계산불가능한 상태(튜링의 계산불가능한 수)에 빠지게 만들고, 우리의 논리체계가 완전하지 않고 모순이 없지도 않다(괴델의 불완전성정리)는 사실에 대한 논의는 크게 두 방향+튜링테스트의 방향에서 검토 가능합니다. 지금도 이 두 방향에 대한 논의가 진행 중입니다. 하나는 자기지시/자기참조가 만들어내는 그러한 역설을 강조하며 또 기계적 절차(알고리즘)에 따라 계산하는 인공지능은 불가능하지만 우리 인간은 사유대상으로 다룰 수 있음을, 결국 인간과 기계는 다르고, 기계는 인간수준에 이를 수 없음을 강조합니다.[1]

두 번째 길은 하드웨어, 알고리즘과 통신하기 위해 쌓아올려지는 인공지능의 복잡한 계층구조, 데이터를 이용한 학습능력, 그리고 그것들 사이의 정보교류/의사소통/상호작용이 만들어내는 복잡계의 특성을 강조하며, 기계가 인간수준으로 사고할 수 있을 것이라고 강조합니다. 물론 그 와중에 오류 덩어리인 인간보다야 낫지 않겠느냐? 수많은 오류를 내면서도 스스로는 오류를 내지 않는다고 믿는 인간들의 난처한 상태/자체로는 해결불가능해 보이는 난처한 상태의 개선을 도와줄 수 있지 않겠느냐? 등의 논쟁도 섞어가면서 말입니다.[2]

---

[1] 이 관점에 대해 더 궁금하신 분들은 루카스 논증 혹은 루카스-괴델 논증, 루카스-펜로즈 논증 등을 찾아보시길 바랍니다.
[2] 보다 자세한 내용에 대해서는 호프스태터Douglas R. Hofstadter, 『괴델, 에셔, 바흐』, 박

이 문제를 다룰 교육학의 관점은 앞의 둘과 다릅니다. 튜링테스트의 관점이 그것에 해당됩니다. 어떤 수준(인간과 동급 또는 하급인)의 인공지능이 등장하건 혹은 인공지능의 수준이 인간과 동급이건 하급이건 그보다 중요하고 기본이 되어야 하는 관점은 인공지능을 마주하는 사람이, '이 녀석 생각하는 것 같은데 ……/이 녀석이 나를 이해하고 있는 것 같은데……/이 녀석이 나를 위해 생각해주고는 것 같은데 ……' 같은 경험을 제공한다면 해당인공지능은 '생각하는 능력이 있는 장치'로 다루어야 한다는 것입니다. 실제세계에서나 이론세계에서도 교육학에서는 말입니다. 내가 까맣게 잊었던 사실을 확인해줄 수 있고, 내가 어제 했던 토론회에서의 실언을 확인해줄 수 있고, 내가 전혀 검토해본 적 없는 무언가를 제안해줄 수 있다면 나보다 나은 녀석입니다. 본질적으로 나보다 윗길인지의 여부를 떠나서 말입니다.

　그러한 관점, 즉 튜링테스트의 관점에 따라 생각해보면 '가르치는 인공지능은 생각하는 능력이 있다'고 판단할 수 있습니다. 내게 무엇인가를 제안하고 추천해주고, 확인시켜주는 인공인지시스템이라면 내게는 '생각하는 존재'로 인식될 것이기 때문입니다.

여성 등 역, 까치를 살펴보시길 추천 드립니다.

4

|
데이터와 교육학

7. 가르치는 인공지능은 설명 가능할까요?

7. 1. 설사 그것이 착시라는 걸 안다 하더라도 우리는 착시경험에서 헤어날 수 없습니다.

전 세계 전문가들에게 1년에 한 번씩 하나의 주제로 의견을 모아 웹사이트와 책으로 출간하는 Edge.org는 '당신이 가장 좋아하는 심오하고 우아하고 아름다운 설명은 무엇인가?'를 2012년의 올해의 질문으로 선택했습니다. 매년 '올해의 질문'이 그랬던 것처럼 2012년에도 세계에서 가장 유명한 학자와 전문가들이 약 200명 가까이 답변했습니다. 답변자 중 독일의 심리학자 기거렌처$^{Gerd\ Gigerenzer}$는 착시에 대한 헬름홀츠$^{Hermann\ von\ Helmholtz}$의 설명을 소개합니다. 기거렌처에게 착시는 '설사 그것이 착시라는 걸 안다 하더라도 우리는 착시경험에서 헤어날 수 없다'로 설명되는 대상입니다. 그는 착시를 '무의식적 추론'으로 설명한 헬름홀츠의 설명을 Edge.org의 올해의 질문에 대한 답, 즉 가장 좋아하는 심오하고 우아하고 아름다운 설명으로 선택한 것입니다.

헬름홀츠는 어린 시절 종탑 위에 앉아 있는 사람들을 인형으로 착각하고는 엄마한테 꺼내달라고 했다는 개인적 경험을 통해 망막과 그 밖의 감각기관을 통해 얻는 정보가 세계를 재구성하는 데 충분치 않으며, 크기와 거리 등의 불확실한 단서를 바탕으로 추론해야 하고, 이 방법을 경험을 통해 배워야 하며, 이 경험을 바탕으로 뇌는 감각기관으로부터 전달되어온 신호가 무엇을 의미하는지 '무의식적으로 추론한다'고 설명했습니다.

우리는 우리의 추론을 탐구대상으로 다루기 어렵습니다. 우리의 추론을 우리의 추론으로 탐구해야 하는 역설이 발생합니다. 방법이 대상과 연결되어 분리되지 않는 '이상한 루프'가 만들어집니다. fMRI 등의 '뇌과학장치'가 이 역설을 피해가는 선택가능한 방법이기는 하지만 근본적으로 이 역설은 해소되기 어렵습니다. 추론도 탐구대상으로 다루기 어려운데, '무의식적' 추론입니다. '이상한 루프' 형태를 갖는 난처한 역설인데, 그 '이상한 루프'가 무의식을 경유한다는 것입니다. 난처함×난처함의 수준입니다. '착시'를 이 '난처함 제곱의 조건'하에서 다루는 방법을 소개해보겠습니다.

헬름홀츠의 무의식적 추론의 틀을 벗어나지 않으면서 기거렌처(그리고 라마찬드란Ramachandran)가 '착시'를 다루는 방법/사례가 그것입니다. 우리가 상식적으로는 도저히 '의식'할 수 없는 스케일을 원인으로 착시를 설명하는 방법/사례입니다. 착시는 왜 무의식 차원에서 발생할까요?

7. 2. 어떤 착시는 진화론적 규모의 원인에 의해 발생합니다

기거렌처는 무의식적 추론을 설명하기 위해 라마찬드란와 그의 동료들이 만든 '점들의 착시Dots Illusion'와 그에 대한 해석을 소개합니다.

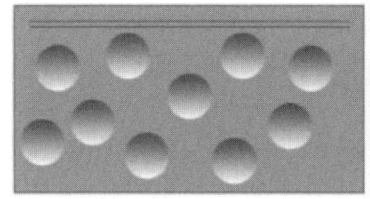 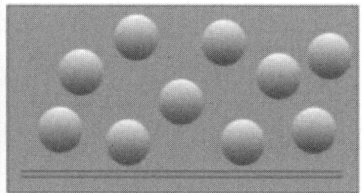

이 그림[1]은 점들의 착시의 한 예입니다. 왼쪽 그림의 점들은 오목하게 안쪽으로 들어간 것처럼 보이고 오른쪽 그림의 점들은 볼록하게 밖으로 나와 있는 것처럼 보입니다. 문제는, 이 그림을 뒤집어서 보면 반대로 보인다는 점입니다. 즉 똑같은 점들이 상황에 따라 다르게(볼록하게 보이던 것은 오목하게, 오목하게 보이던 것은 볼록하게) 보이는 사례, 즉 착시의 사례입니다. 실제로 이 그림은 180도 돌렸다는 것 말고는 동일한 그림입니다. 우리가 흔히 접할 수 있는 착시의 한 예입니다. 이 사례는 발생원인을 설명하기 어려운 다른 착시들과 달리 나름 그럴듯해 보이는 해석이 있는 착시입니다. 이 착시에 '올록볼록 착시'라는 이름을 붙여 사용하겠습니다. 왜 올록볼록 착시가 발생할까요? 왜 우리의 뇌는 무의식적으로 이런

---

[1] 이 그림은 edge.org의 해당 글에서 인용했습니다. https://www.edge.org/response-detail/10594

추론(똑같은 그림을 다른 그림으로 인식하는 추론)을 하는 걸까요? 기거렌처는, 올록볼록 착시를 우리 인간의 진화과정에서 형성된 (무의식적) 추론의 한 예로 해석하는 사례를 소개합니다. 진화경로에서 형성되어 우리 생각의 안쪽 깊은 심연에 자리 잡은 어떤 조건 때문에 발생하는 추론이며, 그런 의미에서 무의식적 추론입니다. 의식되지 않은 상태에서 이루어진다는 점에서 자동화된 추론이라고도 할 수 있습니다.

간단히 설명해 보겠습니다. 우리 뇌는 우리가 사는 세계를 3차원세계로 가정합니다. 물론 이 3차원세계라는 감각의 결과물 역시 착시일 가능성을 배제할 수는 없습니다만 일단 우리 세계는 3차원세계라고 가정하겠습니다. '올록볼록 착시'는 두 가지 전제를 조건으로 발생합니다.

'빛이 비치는 곳이 위쪽이다'와 '광원은 하나뿐이다'가 그것입니다.

태양과 달이 1) 항상 위쪽에 있는 2) 유일한 광원인 공간이 인간의 역사 대부분을 차지했으리라는 가정은 의심하기 어렵습니다. 우리 경험은 항상 위쪽에 하나의 광원이 있는 조건에 제한되어 있다는 증거를 대봐라 라고 하면 '뭐가 증거로 가능하지? 증거가 필요해? 당연한 거 아닌가?'라고 궁시렁대야겠지만 이 진술은 반증 가능한 형식이고, 아직 반증되지는 않았습니다. 그런 의미에서 과학적 진술이라고 할 수 있습니다.[2]

인간은 이 진화론적 규모의 오랜 경험을 통해 이 조건에 기초해 내면화되고 자동화한 감각인식과 추론방법을 우리 의식의 심연에 넣은 뒤(심연에서 작동하는 방법으로 넣은 뒤) 이제는 무의식적으로 추론한다는 것입니

---

[2] 과학과 과학-아님의 경계를 '반증가능성'으로 나누는 관점에 대해서는 포퍼Karl Popper를 살펴보시길 바랍니다.

다. 자동화된 것입니다. 대부분의 상황에서는 이런 무의식적 추론의 결과를 충분히 신뢰할 수 있지만 180도 뒤집히는 특수한 상황에서는 오류가 발생하는 무의식적 추론이자 자동화된 추론입니다.

7. 3. 모든 착시가 설명 가능하지는 않습니다

올록볼록 착시는 우리의 의식 과정과 이해/설명/판단 과정의 심연에 존재하는 것을 배경에서 전경으로 끌어내어 잘 보이도록 만드는 사례입니다.

앞서도 언급했지만 대부분의 착시는 원인을 설명하기 어렵습니다. 하지만 지금은 설명하지 못하더라도 앞으로 많은 혹은 대부분의 착시는 설명 가능할 것입니다. 우리 뇌에서 발생하는 현상이니 모두 나름의 이유가 있을 것입니다. 하지만 '모든 착시(어떤 판단/명제의 참과 거짓)가 설명(증명)가능할까요?'

기거렌처는 Edge.org의 답변 글에서 헬름홀츠의 개념을 참고로 착시와 관련된 몇 가지 관점을 제안합니다. 그의 관점을 이용해 설명해보면, 우리의 인지시스템은 귀납적으로 추론하고, 합리적 추론은 반드시 의식적(의식에 의해 탐구가능한 대상이거나 의식 차원에서 사용가능한 방법이거나)이어야 할 필요는 없고, 착시는 지능의 필연적 결과입니다. 기거렌처의 관점에 제 관점을 추가하겠습니다. '우리는 모든 착시를 설명할 수는 없다', 그리고 '어떤 착시 A가 최종적으로 설명 가능할지 판단하는 일반적 방법은 없다'라는 관점이 그것입니다.

7. 4. 착시를 여러 가지 생각의 재료로 다룰 수 있습니다

올록볼록 착시 사례는 현상을 해석하는 우리의 인지시스템에 대한 사유를 확장해볼 기회를 제공합니다. 수업시간에 제출된 학생들의 보고서와 토론글에서 예를 들어보겠습니다.

"우리는 결국 착시 속에서 사는 거야. 어떤 착시가 발생하는지도 지각하지 못하는데, 어떻게 모든 착시를 사유대상으로 다룰 수 있다고 믿는지 모르겠어. 우리는 경험 차원에서나 추론 차원 모두에서 착시를 벗어날 수 없을 거야. 우리에게 중요한 건 추론이라기보다는 직관과 통찰이야."

"착시를 결국 설명할 수 있었잖아. 그래서 인간이 위대한 거야. 수천만년동안의 시간축에서 발생한 현상을 사유대상으로 다룰 수 있는 건 정말 위대한 능력이야. 인공지능 같은 것이 이런 걸 할 수 있을 리 없어."

"운이 좋아서 설명한 것에 불과해. 그리고 정말 맞는 설명이라는 증거도 없잖아. 우리는 대부분의 착시를 설명할 수 없을 거야. 그러니까, 인공지능 알고리즘의 설명 불가능성은 한계가 아니라 기회로 봐야해. 우리가 이해할 수 없더라도 그것의 논리 시스템은 우리가 이해할 수 없었던 것을 이해할 수 있도록 도와줄 거야."

"지능발달은 필연적으로 착시의 구축과 함께 진행된다고 보는 게 맞겠어. 그렇다면, 지금도 복잡한 논리시스템이지만 앞으로 점점 더 복잡한 논리시스템으로 자랄 가능성이 있는 인공지능도 어떤 착시에 빠지게 되는 게 아닐까? 만약 그렇다면 인공지능의 착시를 우리는 어떻게 다룰 수 있는 거지? 그게 가능은 할까?"

"모든 착시는 착시가 발생하는 곳에 의존적이야. 누가 이 착시의 주인공이냐는 것이지. 올록볼록 착시는 내게 생기는 착시지만 우리에게 생기는 착시이기도 해. 내게 발생하는 착시를 우리 착시로 말할 수 있는 건, 나는 우리에 속해 있고, 내가 주인공인 상황이 우리가 주인공인 상황이니까 말이야. 하지만 우리에 포함되지 않는 곳에서 발생할 경우 그러한 착시를 어떻게 우리가 인식할 수 있는 거지? 그게 가능한가?"

진화론적 규모를 탐구대상으로 다루는 것은 경이로운 능력입니다. 앞으로 무의식적이고 자동화된 추론을 원인으로 발생하는 많은 착시, 이해/판단/의사결정의 배경 속 심연에 숨어 있는 메커니즘이 꾸준히 설명 가능한 대상으로 드러날 것입니다. 하지만 '올록볼록 착시'의 원인을 해석하기 위해 진화론적 규모의 조건을 탐구대상으로 다룰 수 있어야 할 만큼 착시들을 이해대상으로 다루고 설명하기는 쉽지 않을 것입니다. 우리 이해에 발생하는 착시를 우리의 이해방법으로 다루어야 하는 '이상한 루프'라는 역설의 대상이니 말입니다.

'올록볼록 착시'는 진화론적 규모의, 지구과학적 규모의 증거를 이용해 '이상한 루프'에서 벗어난 것으로 보입니다. 앞으로 꾸준히 많은 착시가 '이상한 루프'를 벗어날 수 있을 것입니다. 하지만 착시만 진화론적 규모의 설명이 필요한 것은 아닙니다. 진화론적 규모를 원인으로 설명하는 다른 문제를 살펴보겠습니다. 기거렌처가 헬름홀츠의 설명을 자기의 대답으로 선택한 2012년 Edge.org의 질문에 데닛Daniel Dennett은 '왜 일부 바다거북은 그토록 먼 거리를 이동하는가?에 대한 설명'을 선택했습니다. 자기의 선택을 설명하는 데닛이 소개한 바다거북 이야기를 인용해보겠습니다.

몇 년 전 나는 몇몇 종의 바다거북이 아프리카 서해안에서 짝짓기한 후 남아메리카 동해안에서 알을 낳기 위해 남대서양을 건너 이동한다는 이야기를 들었다. 그리고 바다거북이 그런 행동을 시작한 시점이 곤드와나대륙이 막 분리되기 시작한 무렵(1억 3000만 년 전~1억 1000만 년 전)이었고, 그때에는 좁은 해협을 건너 짧게 헤엄치면 되었기 때문이라는 이유도 들었다. 그 후 바다거북이 헤엄쳐 건너야 하는 거리는 조금씩 늘어났지만(아마 1년에 몇 인치정도) 그처럼 느린 변화를 누가 눈치 챌 수 있었겠는가? 그러다가 결국 왜 그토록 낭비적인 일을 하는지 자기도 알지 못한 채 바다거북은 망망대해를 계속 건너게 되었다고 한다.

바다거북이 왜 그토록 먼 거리를 이동하는지를 1억년 단위의 시간에 걸쳐 천천히 발생하는 현상으로 설명하는 것입니다. 사실상 눈치 채기 어려운 변화를 근거로, 즉 지구과학적 시간규모에서 발생하는 현상으로 말입니다. 더 나아 보이는 설명이 등장하기 전까지는(즉 이 진술이 반증되기 전까지는) 이처럼 당황스러운 설명을 받아들여야 할 것 같습니다. 진화론이라는 관점은 어떤 현상을 설명하기 위해 수천 만 년 이상의 스케일을 사용하는, 호기심 많은 박물학자의 상상력이 제공하는 경이로운 관점입니다. 인간만이 가능한 사유일 것입니다.

7. 5. 착시가 발생하지 않는 인지시스템을 목표로 삼을 수는 없습니다

우리의 감각시스템과 인지시스템이 착시를 일으키지 않는다면, 우리는 더 잘 살아갈 수 있을까요? 아마 실제로는 살아가기 더 불편할 것입니다. 착시를 피하기 위해서는 무의식적 추론(헬름홀츠)도, 통계적 추론(베이즈Thomas Bayes)도, 발견적 추론(사이먼Herbert Alexander Simon)도 그리고 어림heuristics(카너먼Daniel Kahneman)프로세스도 배제해야 하기 때문입니다. 실수를 피하기 위해 심연으로 내려가 해야 할 말을 찾는, 그래서 결국 아무 말도 하지 않으려는 사람처럼 말입니다. 따라서 오류를 전혀 저지르지 않는 시스템은 수준 높은 시스템이 아닙니다. 착시는 인지시스템에서 발생하는 오류가 아니라 높은 수준의 인지시스템의 필요조건입니다. 번거롭게 처음부터 계산하는 것이 아니라 특정 단위의 프로세스를 자동화시킨 뒤 꾸준히 의식의 뒤편, 심연으로 넣어야 합니다.

7. 6. 인공지능의 착시 그리고 인공지능의 설명 불가능성

머신러닝 방법으로 운용되는 현재의 컴퓨터, 즉 인공인지시스템은 통계적으로 추론(딥러닝)하고, 정답이 아니라 heuristics/휴리스틱(한계가 있는 조건을 전제로 최선의 방법을 찾는 어림의 방법)프로세스를 이용해 결과를 도출하는 방법으로 능력을 키워가고 있습니다. 물론 학습능력(머신러닝)을 포함해서 말입니다.

'올록볼록 착시'를 그리고 '바다거북의 난처한 헤엄'을 해석하는 관점을 '지구과학적 시간규모'가 아니라 '데이터과학적 시간규모'로 옮겨 보면, 착시의 해석을 위해 사용할 개념공간의 상황은 좀 달라집니다. 우

리 그리고 지구 측면에서의 '시간의 흐름'과 데이터공간에서의 '시간의 흐름'은 다릅니다. 다르게 흐르게 할 수 있습니다. 흔한 표현으로 바꾸면 '1억년 단위에서 발생한 변화를 1시간짜리 시뮬레이션으로 돌려보는' 것입니다. 물론 시뮬레이션입니다. 하지만 이 데이터처리 및 해석이 우리에게는 '시뮬레이션'이지만 인공지능에게는 '실재'라는 점은 매우 중요한 차이입니다. 아직은 그리고 한동안은 이 '데이터과학적 시간규모'를 다루는 주인공은 우리지만(즉 시뮬레이션이지만) 앞으로, 처음에는 도구였다가, 좀 더 지난 뒤에는 파트너였다가, 그리고 어느 순간 '주인공'이 될 가능성이 없다고 결정하기는 어려워 보이는 인공지능이 이 '지구과학적 시간규모'를 '데이터과학적 시간규모'로 감당하게 될 것입니다. 즉 난처한 '시간의 흐름'이 실재가 될 것입니다. 인류 역사상 단지 소수의 인간에게만 가능했던 '호기심 많은 박물학자의 상상력이 제공하는 경이로운 해석'을 '데이터과학적 시간'을 사용하는 인공지능이 하게 되는 미래가 우리 미래일 가능성이 있습니다.

7. 7. 가르치는 인공지능은 설명 가능할까요?

이 질문은 설명 가능한 인공지능 또는 인공지능의 설명 가능성과 관련됩니다. 하지만 인공지능의 설명 가능성은 대부분 '알고리즘' 측면에서 논의됩니다. 가령 딥러닝 알고리즘의 안쪽에 형성되는 수십-수백 개 차원의 히든레이어 사이에서 발생하는 복잡한 데이터처리과정과 규칙의 설명불가능성에 집중하는 것입니다. 하지만 이번 장에서 논의한 것처럼 가르치는 인공지능의 설명 가능성은 '데이터 차원'에서도 논의되어야 합니다.

8. 경험 불가능한 데이터를 경험하는, 가르치는 인공지능을 우리가 경험할 수 있을까요?

'우리의 감각기관이 경험하지 못하는 것을 경험하는 인공지능의 존재를 가정할 경우 그러한 인공지능을 어떤 방법으로 경험할 수 있을까?'

8. 1. 경험의 한계: 경험할 수 없는 대상과의 경험

우리가 '경험'을 귀납방법과 연역방법을 구분하는 것에 기초해 귀납의 근거로 사용하건 아니면 추상적 사고과정인 추론과 대비해 구체성을 강조하는 의미로 사용하건, 존재의 실재성의 증거로 사용하건, 세계를 탐구하는 방법으로 다루건 기본적으로 경험은 우리 인간의 감각기관에 의존합니다.

시각/청각/촉각/후각/미각 등으로 구분되는 감각기관을 통해 우리는 세계를 경험합니다. 이 경험이 우리의 지적 세계의 토대가 되고 말입니다. 말하자면, 감각기관의 한계가 우리 경험의 한계라고 할 수 있습니다. 우리 경험의 한계를 '데이터'를 이용해 살펴보겠습니다.

8. 2. 데이터와 알고리즘

인공지능을 구성하는 요소를 크게 둘로 나누겠습니다. 알고리즘과 데이터로 말입니다. 알고리즘과 데이터 사이의 관계는 우리 몸을 구성하는 기관들 사이의 관계를 이용해 설명해 볼 수 있습니다. 데이터는 우리의 감각기관이 감각하는 신호입니다. 알고리즘은 이 신호를 처리하는 신경네트워크와 신호의 중앙처리시스템인 뇌에서 동작하는 규칙 또는 뇌

그 자체입니다. 이 둘의 구분은 종종 수학과 과학을 구분하는 범주인, '경험'과 '추론'을 이용해서도 설명해 볼 수 있습니다. 수학은 추론이고 과학은 경험으로 말입니다. 감각이나 데이터는 경험 범주에 속한다고 볼 수 있고 알고리즘, 뇌와 신경망은 '추론' 범주로 생각해볼 수 있습니다.

이제, 우리 경험(감각기관)으로는 다룰 수 없는, 우리 경험의 범위 밖에 존재하는 데이터에 대해 생각해보겠습니다. 가령 우리가 '들을 수 없는 소리'가 있습니다. 우리가 들을 수 없는 소리는 우리 인간에게는 경험 대상이 아닙니다. 우리 감각기관의 대상이 아니고, 우리 경험의 한계 밖의 존재입니다. 물론 우리 감각기관으로는 감각할 수 없던 신호를 외부장치의 도움으로 감각하게 되는 사례는 많고 앞으로도 꾸준히 늘어날 것입니다. 도구를 사용해 한계를 넘어선다는 것은 인류라는 종의 독특한 진화메커니즘이기도 합니다. 진화론적 시간규모에서 발생해온 현상입니다. 이 관점으로 위 전제를 벗어날 수는 있습니다. 가령 장치를 우리 감각+인지시스템의 구성물로 다루면서 그러한 장치로 우리 인간의 감각경험이 꾸준히 확장되어 왔다는 관점입니다. 하지만 지금까지의 장치는 감각하는 신호를 독자적으로 처리하는 인지시스템이 없는 버전입니다. 인간의 인지시스템과 독립된 인지시스템을 확보한/확보할 것으로 보이는 인공지능이 고유한 이유이고, 교육학적으로 탐구해봐야 하는 이유입니다. 이제 질문입니다. 우리가 들을 수 없는 소리를 듣는 인공지능을 우리는 어떻게 (교육학적) 사유대상으로 다룰 수 있을까? 가상의 조건은 이렇습니다. '우리가 듣지 못하는 소리를 듣는 인공지능이 존재한다.'

8. 3. 우리가 듣지 못하는 소리를 듣는 인공물

우리 인류가 특정한 범위의 소리만 들을 수 있다는 사실은 잘 알려져 있습니다. '가청주파수'라는 이름으로 부르는 주파수대역의 파동이 그것입니다. 아무리 뛰어난 청력을 가진 인간이더라도 보통 20~20,000Hz (20Khz) 주파수대역의 파동만 들을 수 있는 것으로 알려져 있습니다. 이 주파수대역 밖의 파동은 우리 귀로 시작되어 뇌로 이어지는 감각시스템에서 신호로, 즉 '소리'로 처리되지 않습니다. 여기에서 '소리'는 '말소리'가 아니라 차라리 '바람소리' 같은 경우입니다. 의미와 상관없는 파동 그 자체이고, 가청주파수 범위내의 파동입니다.

우리 귀로 감각할 수 없는 파동, 즉 우리에게는 '소리'가 아닌 파동을 이용해 의사소통하는 다른 동물들의 사례는 많습니다. 가령 개는 주파수 45,000Hz까지의 파동을 들을 수 있고, 고래들은 보통 12~25Hz의 파동을 이용해 의사소통하고, 박쥐는 초음파를 감각해 비행경로를 설계한다고 합니다.

우리 귀는 파동을 소리로 감각하는 기관입니다. 파동을 빛으로 감각하는 기관도 따로 있습니다. 눈이지요. 그리고 눈이 감당할 수 있는 파동대역에도 이름이 있습니다. '가시광선'입니다.

우리의 감각기관으로 감각된 외부 신호는 뇌로 전달되어 해석되고 이해됩니다. 우리의 인지시스템으로 전달되고 인지처리과정 속에서 '이해'되는 것입니다. 이처럼 우리의 감각기관과 신경기관이 감당할 수 있는 파동에는 '소리', '빛/색깔/영상/이미지' 등의 이름이 만들어져+할당되어 있습니다. 이와 달리 우리 감각기관과 신경기관 그리고 결국 우리 인지시스템이 감당하지 못하는 신호에는 이름이 없습니다. 이들을 '소리'

라고 부를 수는 없습니다. '소리'는 우리가 들을 수 있는 파동입니다. 우리가 들을 수 없는 파동에도 이름이 필요합니다.

8. 4. 파동과 소리

그냥 '파동'이라고 부르겠습니다. 우리의 감각+인지시스템이 감당하지 못하는 신호, 하지만 다른 생명체들은 의사소통의 도구로도 사용하는 신호에 '파동'이라는 이름을 붙여 사용하겠습니다. 박쥐를 위해서는 '초음파'라는 단어를 사용하기는 합니다만 모든 생명체에 하나씩 이름을 붙여줄 수는 없으니 '파동'이라는 이름으로 사용해보겠습니다.

'파동'이라는 이름으로 '신호'를 다룰 때 몇 가지 가능성도 기대해볼 수 있습니다. 우리 인간이 경험할 수 있는 물리적 실재('소리')는 실재('파동') 전체의 일부에 불과하다는 점 그리고 '소리'가 신호를 불연속적인 존재로 다루는 반면 '파동'은 신호를 연속적 존재로 다룰 수 있다는 점 그리고 경험의 대상을 수학기호체계 안에서, 즉 계산가능한 실재로 다룰 수 있다(가령 맥스웰의 파동방정식 등)는 점 등이 그것입니다(물론 '소리' 역시 음원으로, 음원을 bit로 바꾼 뒤 계산가능한 실재로 다루고 있습니다).

'소리'와 '파동'으로 이름을 분리해 사용하겠습니다. 감각기관(귀)이 감당(감각한 뒤 중앙신경시스템에 전달)할 수 있는 파동에는 '소리'라는 이름을 사용하고, 감각기관이 감당할 수 없는 범위의 소리에는 '파동'이라는 이름을 사용하는 것입니다. 우리에게는 단지 '파동'이지만 다른 생명체들에게는 '소리'인 파동은 충분히 많습니다. 결국 파동이 전체집합이고 소리가 부분집합입니다. 소리를 '데이터'로, 파동은 '빅데이터'라고 볼 수도 있습니다.

'소리'와 '파동'의 경계는 우리 인간의 '한계'입니다. 감각기관의 한계이기도 하지만 인지시스템의 한계이기도 하고, '세계'의 한계이기도 합니다. '파동'의 세계는 우리에게는 단지 '측정' 대상이 되는 세계에 불과할 뿐, 의미로 해석되는 세계가 아닙니다. 파동'이 구성하는 세계는 우리에게 미지의 세계, 즉 우리가 아는 세계의 경계 바깥의 세계, 우리가 알고 있지 않은 세계입니다.

8. 5. 우리는 경험할 수 없는 대상을 경험하는 장치

'파동'은 우리의 감각기관이 감각하지 못하는, 그래서 우리의 인지시스템이 감당하지 못하는 소리의 이름입니다. 그러한 파동을 감각하는 장치는 이미 많이 만들어져 있습니다. 앞서 이야기한 대로 그러한 장치들은 우리 감각기관의 확장입니다. 우주로부터 전달되어오는 파동을 감각하기 위한 전파망원경이 한 예이고, 라디오와 TV의 안테나, 와이파이 수신기가 예입니다. 그것들은 우리가 감각하지 못하는 파동을 감각합니다. 하지만 이 장치들은 단지 감각하기만 할 뿐입니다.

이와는 반대방향으로 즉 '파동'을 이용해 의사소통을 시도하는 장치, 즉 파동을 발신하는 장치 역시 만들어져 있습니다. 개에게 사용하기 위해 만들어진 '개피리'가 예가 될 수 있습니다. 개가 들을 수 있는 파동, 그런 의미에서 개에게는 '소리'이고 인간에게는 그냥 '삐익' 하는 소음으로 들리거나 혹은 들리지 않는 '파동'을 발생시키는 개피리가 그것입니다. 개피리로 어떤 의사소통을 개와 하는지는 개주인과 개 사이의 문제일 뿐 외부자는 알기 어렵습니다. 물론 개가 왜 저러는지 개주인도 모를 수 있습니다.

개뿐만 아니라 향유고래가 파동으로 서로 어떤 의사소통을 하는지 우리는 알 수 없습니다. 돌고래도 마찬가지입니다. 단지 소리로 감지되는 파동만의 문제도 아닙니다. '살짝 상한 생선'에 대해 왜 그렇게 고양이가 죽자 살자 달려드는지, 고양이가 도대체 그것을 어떻게 감각하는지 우리는 알 수 없습니다.

이렇듯 우리의 인지시스템이 감당할 수 없는 신호, 즉 '파동'의 사례는 무한합니다. 그리고 이 세계에는 우리와는 독립된(우리의 인지시스템과는 독립된) 신호처리시스템 역시 충분히 많이 존재할 것입니다. 초음파로 의사소통한다고 알려진 돌고래나 더듬이와 화학물질로 의사소통한다고 알려진 개미처럼 말입니다. 인간이 감당하지 못하는 소리에 '파동'이라는 이름을 새롭게 만들어 사용하는 것처럼, 우리와 독립된 신호처리시스템에도 새로운 이름이 필요할 것입니다. 이름을 하나 만들어보겠습니다. '지능형 고양이집사'입니다.

8. 6. 고양이와 대화하는 지능형 고양이집사

'파동'을 감당하는 새로운 장치, 특히 인간의 인지시스템과 독립해 인지적으로 처리하는 것이 가능한 장치, 즉 인공지능/인공인지시스템에 대해 생각해보자는 것입니다. 이런 장치가 고양이에게 적용된다면 다음과 같은 현상이 발생할 것입니다.

고양이가 발신하는 '파동'과 고양이의 삶을 빅데이터 수준에서 모은 뒤, 고양이의 행동과 파동('갸르릉'이나 '꿱꿱'뿐만 아니라 우리가 듣지 못하는 파동이 있다면 그것까지) 간의 패턴을 학습한 뒤, 특정 상황에서 (고양이가 발신하는 파동을 흉내 낸) 특정 파동을 발신하는 '지능형 고양이집사'가 그 것입니다.

고양이의 '파동'을 감각하고, 감각된 신호를 데이터로 처리하고, 데이터 패턴을 분석하고 학습한 뒤, 고양이가 감각할 수 있는 '파동'을 발신할 수 있는 '지능형 고양이집사'는 논리적으로, 고양이와 의사소통할 수 있습니다. 처음에는 잘 못하다가(고양이도 난처해하다가) 서로 학습한 뒤(고양이도 적응한 뒤) 둘은 절친이 될 수도 있습니다. 고양이 입장에서는 세상 놀라울 일이고, 이 관계는 고양이에게 새로운 진화경로를 열어줄 가능성조차 있습니다. 물론 10년 단위인 고양이 삶의 주기를 고려해보면 '진화'는 느리게 진행되겠지만 말입니다.

문제는, '인간 고양이집사'는 '지능형 고양이집사'가 상황을 동시 통역해주지 않는다면 두 절친 사이에 낄 수 없다는 점입니다. 머지않아 (물론 지금도) 인공지능은 인공지능끼리 의사소통할 것인데, 그 자체로 난처한 일이지만 보다 당황스러운 일은, 인공지능이 사람이외의 생명체와 의사소통하는 상황 그리고 우리는 그 사이에 낄 수 없게 되는 상황일 것입니다. '지능형 고양이집사'처럼 말입니다.

8. 7. 우리가 경험할 수 없는 대상을 경험하는 인공지능

'소리'를 부분집합으로 포함하는 전체집합으로서의 '파동'을 감당 (감각한 뒤 처리하는)하는 인공지능의 개발가능성은 '상식적'입니다. 의심의 여지가 없습니다. 이미 다양한 파장대역의 파동을 발생시키는 스피커 ('파동'발생장치)도 만들어져 있고, 디지털로 저장할 경우에 사용할 데이터형식(mp3, ······)도 개발되어 있고, 파동을 감각하는 마이크('파동'수신

장치)도 만들어져 있습니다. 가령 전파망원경은 이미 '파동' 수신장치입니다. 이 장치들이 감각하는 신호를 부호화해 컴퓨터로 다루는 일도 오래 전부터 상식적입니다. 그리고 이렇게 부호화된 신호를 처리하는 컴퓨터는 인공지능으로 자라고 있습니다. 머신러닝이라는 이름이 붙어 있는 학습능력을 확보한 채 말입니다. 인간의 '처리'(제 입장에서는 '감당')프로세스와는 완전히 분리된 상태로 세계에서 발생하는 신호('파동')를 '처리'(제 입장에서는 '감당')하는, 독립된 프로세스가 만들어지리라는 전망은 의심의 여지가 없어 보입니다. 이미 그런 프로세스는 존재하고 말입니다.

인공인지시스템, 즉 인공지능은 우리 인류와는 (고차원/저차원이 아니라) 다른 차원에 존재할 가능성이 있습니다. 그(것)들은 우리와 독립적으로 '파동'을 수신(경험)하고, (인지)처리를 거친 뒤 '파동'으로 발신하며 다른 존재들과 의사소통할 것입니다.

8. 8. 우리가 경험할 수 없는 대상을 다루는 우리의 방법

우리가 대상을 다루는 가장 기본적인 방법은 '포함과 배제'입니다만, '포함과 배제' 방법에 도달하기 전에 우리가 듣지 못하는/감각하지 못하는 '신호'에 대한 우리 반응은 일단 '공포'입니다. 우리가 어떤 공포를 느끼고, 그런 신호를 발신하는 존재를 어떻게 다루는지에 대해서는, 소설과 영화에서 꾸준히 재사용되는 신화 속 이야기를 참고해볼 수 있습니다. 세이렌의 노래가 예가 될 수 있습니다.

세이렌의 노래는 우리가 들을 수 있는 '소리'지만 듣지는 못한다는 의미(듣는 사람은 모두 죽으니까요)에서 '파동'입니다. 다들 잘 아시겠지만

세이렌의 노래는 오뒷세우스가 들었다고 하는, 아름답지만 위험한 노래를 부르는 존재에 얽힌 이야기입니다. 간단히 요약해보겠습니다. 오뒷세우스는 아름답지만 강력한 유혹의 힘이 있어 노래를 듣게 되는 모든 사람이 유혹에 휩쓸려 결국 죽고 마는 노래를 듣기 위해 자기를 배에 묶고, 모든 뱃사공의 귀를 밀랍으로 막은 뒤, 결국 노래를 들으며 바다를 지나가는 식으로 유혹당하지 않고 살아남았다는 …… 그런 이야기입니다.

신화 속에서도 또 근래의 영화(⟨캐리비언의 해적: 낯선 조류⟩[2011년])속에서도 '세이렌'은 인간에게 살해당합니다. 인류는 '공포'의 대상 중 우리보다 상위의 존재를 대상으로는 '믿음'의 방법으로 대응해온 데 반해 우리보다 아래라고 판단된 존재는 '제거'하는 방법으로 다루어 왔습니다. 우리에게는 아직 그러한 존재를 다룰 방법이 없는 것 같습니다.

8. 9. 우리의 교육(학)적 경험의 새로운 차원 혹은 숨은 차원

교육(학)적 경험의 대부분이 발생하는 교실에서는 어떤 '파동'이 발생하고 있을까요? 우리의 '귀'로는 들을 수 없지만 나름 중요한 신호를 담은 '파동'이 존재하지는 않을까요? 학생 A는 하루 종일 교실에서 아무 말도 하지 않는다는 것도 '파동'입니다. 그가 무슨 생각을 하는지 알 수 없다는 점에서 그렇습니다. B는 C하고만 이야기한다거나 D교사는 '토론식수업'이라고 해놓고는 자기 혼자만 말하는 것도 '파동'일 것입니다. 언제나 '블랙박스로 닫히는' 교실 밖의 우리는 들을 수 없으니 말입니다. 교실에서 발생할 가능성이 있는 파동에 '세이렌의 노래'라는 이름을 붙여주면 어떨까요?

그리고 상상해보는 것입니다. '세이렌의 노래', 즉 '파동'을 감지하는 인공지능이 배치된 미래의 교실을 말입니다. 이 교실에는 이미 이름이 있습니다. 한때는 '스마트교실(물론 이런 의미는 아닙니다만)'이었습니다만 지금은 '지능형교실'이라는 이름이 할당되었습니다.

우리(교육학전공자)는 교실에서의 '파동'을 경험/감당해오지 못했습니다. '파동'으로서의 세이렌의 노래를 듣는, 지능형교실 그리고 그것의 위치에 설치되는 인공지능장치를 우리는 우리 경험으로 감당하고 사유 대상으로 다룰 수 있을까요? 세이렌의 노래를 듣는 지능형 교육장치를 다루는 교육학의 프레임이 필요합니다.

8. 10. 세이렌이 노래를 부르기는 했을까요?

세이렌은 진짜로 노래를 불렀을까요?(세이렌이 노래를 불렀다는 증거가 있을까요? 경험한 사람은 모두 죽었습니다) 세이렌의 노래는 진짜 아름다웠을까요?(노래를 들어본 사람은 모두 죽었고 살아있는 자는 오뒷세우스뿐입니다)

오뒷세우스는 자기가 들은 노래를 다른 사람들에게 어떻게 전달할 수 있을까요? 그만큼 아름다운 노래를 불러 '이 정도로 아름다웠어'라고 말하며 진실을 재현하는 방법으로는 전달할 수 없습니다. 정말 세이렌의 노래가 아름답다면 노래를 들으며 유혹에 빠져들어 죽음에 이르게 되거나 더 간단히 만약 오뒷세우스가 그렇게 아름다운 노래를 부를 수 있다면 세이렌의 노래가 뭐 그렇게 대단한 것도 아니라는 사실의 증거일 테니 말입니다. 자기는 대상(세이렌의 노래)을 (배에 몸을 묶고 바다를 건너는 방법으로) 탐구하고 (실제로 노래를 들어) 경험했지만 그러한 탐구결과를 다른 사람에게 전달할 방법이 필요한 상태입니다. '날치의 역설'이자 '알고 있는 것과 알고 있지 않은 것 사이의 경계를 다루어야 하는' 어려운 작업입니다.

교실과 학교에서 들려오는 세이렌의 노래를 우리는 직접 경험할 수는 없습니다. (교실 밖의) 우리가 그것을 직접 경험하려고 하면, 교실은 더 이상 교실이 아니게 됩니다. 관찰자들이 우루루 들어와 있는 시범수업이 '수업'이 아닌 것처럼 말입니다.

아마 앞으로는 교실과 학교에서 들려오는 세이렌의 노래를 '지능형 ○○ 집사'를 통해, 그것이 번역한 결과로 듣게 될 것입니다. 우리에게는 '지능형 ○○ 집사'를 가두어둘, 교육학적 개념공간이 필요합니다. 이 개념공간을 다루는 교육학에 '장치의 교육학'이라는 이름을 붙여보겠습니다.

5
|
장치의 교육학

9. 교실의 출입문도 가르칠까요?

9. 1. 장치와 민주시민교육

　2019년 말, 민주시민교육의 관점에서 교육문제해결에 집중하고, 추진하는 사람들과의 회의자리에서의 대화였습니다. 물론 당연히 학교 안에서 학생들이 민주주의를 배워야 하고, 배우기 위한 가장 중요한 방법은 직접 경험하고 실제로 민주주의를 학교 안에서 구현해보는 것이라는 접근에 동의하기 때문에 회의에 발표자로 초대받았다고 생각합니다. 당시 저는 발표에서 학교정책으로 검토 중이던 인공지능교육정책의 교육학적 원칙에 집중하고 싶었습니다. 아무리 세계를 번쩍번쩍 변화시키는 듯 보이는 인공지능이더라도 교육학전공자의 관점을 유지하는 것이 무엇보다 중요하다고 생각하기 때문입니다.

대화 후반부에 제가 그분들께 결국 '민주시민교육의 관점에서 인공물장치의 중요성'에 대해 언급하게 되었습니다. '교실출입문', 정확히는 '작은 창문이 있는 교실출입문'과 민주시민교육이 그것이었습니다.

우리나라의 모든 학교의 교실출입문에는 작은 창문이 설치되어 있습니다. 근래 10년 가까이 수백 개의 교실을 다녀본 결과 모든 교실의 출입문에는 작은 창문이 설치되어 있습니다. 신축 학교건물 역시 그렇습니다. 대학강의실 출입문에 설치된 창문은 일반적으로 좀 더 창문이 크다는 정도차이만 있을 뿐 지금까지 경험한 대학강의실 출입문에도 모두 작은 창문이 있습니다.

교실출입문에 '작은' 창문을 설치한 의도는 쉽게 상상해볼 수 있습니다. 당연히, 안쪽을 들여다보기 위해서입니다. 안쪽을 들여다보기 위한 창문이 '작은' 이유는 '들키지 않고 들여다보기 위해 일 것'입니다. 안쪽에서 진행 중인 '수업'을 방해하지 않으면서, 즉 누군가 밖에서 들여다보고 있다는 사실을 안쪽에서는 알기 힘들게 하기 위해 '작은' 크기의 창문이 설치되었을 것입니다.

우리는 흔히 창문 밖에서 안을 들여다보는 사람의 관점으로 이 창문을 다루게 되지만 관점을 바꾸어 보겠습니다. 밖에서 들여다보는 사람 입장이 아니라 안쪽에서 생활하는 사람 입장에서 이 작은 창문에 대해 생각해보자는 것입니다. 교과교실제 형태로 운영되지 않는 우리나라의 대부분의 일반 교실은 학생들의 생활공간이라는 점에서, 생활공간을 '밖에서 누군가 몰래 들여다볼 의도로 작은 창문이 설치된 출입문'이 배치되어 있는 것입니다. 사실 그런 교실을 경험하며 살아온 우리는 모두 압니다. '밖에서 몰래 들여다보려면 그 순간 안쪽에서는 그러한 사실을 바로 알 수 있다'는 사실을 말입니다. 인간의 시각정보처리메커니즘은 '움직임이 당연히 없어야 하는 위치에서 발생한 움직임'은 굉장히 또렷하게 감각하니까요. 하지만 우리가 모두 경험했듯이, 교실 안에서 생활하는 학생들은 누군가가 나의 일거수일투족을 몰래 보고 있을지도 모르는 그런 삶을 살아야 합니다.

누군가가 나를 감시하는 것이 분명하지만 그가 나를 어디서, 언제 감시하는지 알 수 없지만 자신이 알아채지 못하는 모든 순간에 (그들이) 언제든 (나를) 감시할 수 있다는 사실은 알 수 있도록 설계된 공간이 있습니다. 감옥입니다. 이런 형식의 감옥의 프로토타입에는 멋진 이름도 있습니다. '판-옵티콘pan-opticon'입니다.

이런 형태의 장치로 구축된 공간(공간 자체도 장치입니다) 안에서 생활하는 사람들에게 발생할 것으로 기대되는 변화는 '자기검열'입니다. 원형구조물과 가운데의 높은 탑에 위치한 전망대처럼 생긴 판-옵티콘의 교실 버전은 '출입문에 설치된 작은 창문'입니다. 그리고 작은 창문이 있는 출입문을 설치하는 것만으로 내부에서 생활하는 사람들에게 '자기검열'을 발생시킬 수 있습니다.

당시 회의에서의 제 제안은 '민주시민교육을 위해 출입문이라는 장치를 학생들의 탐구대상이 되도록 하자'는 것이었습니다. 작은 창문이 발생시키는 현상을 탐구대상이 되게 하고, 더 나아가 학생들이 직접 출입문을 설계하는 것입니다. '자기검열'을 발생시키지 않으면서 바깥과 안쪽의 효과적인 상호작용/의사소통이 발생하도록 하기 위한 새로운 형태의 인터페이스를 설계해보자는 것입니다. 그것도, 누군가 외부전문가

(교실공간에 참여하는 외부전문가는 흔히 건축설계를 전공한 분들입니다)의 의사결정에 따라 무언가 새로운 장치를 배치하는 방법이 아니라 학교에서 바로 그러한 교실에서 생활하는 학생들이 출입문이라는 장치를 탐구대상이 되도록, 교육계의 담론과 프로그램과 실행 안에 '학생활동'을 배치하자는 제안이었습니다.

9. 2. 장치를 다루는 교육학의 방법

교실, 즉 가르치고 배우기 위해 고안된 인공환경에는, 우리 모두가 경험했지만 그러한 경험을 인식대상으로 다루지 못하게 만드는 수많은 장치가 배치되어 있습니다. 그리고 그러한 장치는 모두 특정한 의도를 갖고 설계된 결과물입니다. 가령 앞서 언급한 대로 우리 모두가 경험한 교실출입문에 자리 잡은 '작은 창문'은 어떤 의도를 갖고 설계되어 그곳에 배치된 결과물입니다. 작은 창문이 있는 출입문은 언제부터 그곳에 배치되었을까요? 작은 창문이 있는 출입문이 설치되어야 한다고 결정한 당시 문헌을 통해 확인해보아야 하지만 앞서 살펴본 것처럼 추측해 볼 수는 있습니다. 교실 안에서 발생하는 수업을 교실 밖에서 관찰하면서도 교실 밖에서 발생하는 '관찰'을 교실 안의 교사나 학생들에 의해서는 '관찰'되지 않을 수 있는(밖에서 몰래 들여다볼 수 있는) 정도 크기의 창문으로 정해졌을 것입니다. 안쪽을 들여다보려는 관리자와 방해받아서는 안 되는 교사 사이에 작은 창문이라는 장치를 배치한 것입니다. 물론 수업뿐만 아니라 교실 내에서 발생하는 학생들의 생활을 관리하기 위해서였을 것입니다. 초기의 의도가 그러했다고 하더라도 '작은 창문'은 자기만의 효과를 발생시킵니다. 그리고 (모든) 대부분의 장치는 자기만의 효과를 발생시킵니다. '작은 창문'은 교실 내의 세계를 '(교실내부에서 생활하는) 우리가 모르는 순간, 언제라도 외부에서 관찰당할 수 있는 곳'으로 변화시킵니다. 원형구조를 갖지 않지만 푸코Michel Foucault의 판-옵티콘 모형과 유사하게, 감시당하는 자는 감시되는 줄 모르고, 감시하는 자는 감시당하는 자가 모르게 감시할 수 있는 곳이 됩니다.

이때 핵심은, 감시자는 모든 곳을 모든 시간에 감시할 수는 없지만 감시당하는 자는 자신이 언제, 어느 순간에 감시당하는 줄 모르는 상태에서 언제, 어느 순간이라도 감시당할 수 있음을 알게 되는 공간이어야 한다는 것입니다. 프랑스 학자 라투르Bruno Latour는 스스로의 효과를 발생시키며 그것이 속한 사회를 변화시키는 '작은 창문' 같은 인공물을 행위자Actor로 다루어야 하며, 사회는 인간-비인간 행위자들의 네트워크Actor Network Theory로 이해되어야 한다고 강조합니다. 라투르 관점에 비추어본다면, 교실은 행위자로서의 장치들의 네트워크이고 네트워크의 허브지만 장치들은 교육학적 사유대상이 되지 못하고 있습니다. 학교와 교실 역시 '기술 무의식'이 작동하는 세계입니다.

교실을 구성하는 장치, 그리고 교실이라는 장치를 교육(학)적 탐구대상이 되도록 하는 방법에 대해, 즉 '장치의 교육학'에 대해 생각해보아야 합니다. 교실에 최근에 배치된 새로운 장치를 예로 이용해 보겠습니다. 공기청정기입니다. 대기 중 미세먼지 농도가 증가하면서 교실내부의 실내공기 중 미세먼지 농도를 낮추기 위해 공기청정기라는 장치가 모든 교실에 배치되고 있습니다. 이 공기청정기를 학생들의 탐구대상으로 다루어보는 방법이 그것입니다.

교실에 배치된 공기청정기를 대상으로 제기되어야 하는 첫 번째 질문은 당연히 공기청정기가 교실에 설치된 뒤 '실제로' 미세먼지농도가 감소했을까?입니다. 두 번째는 공기청정기가 도입된 이후 '예상치 못한 채 발생한 효과'는 없는가?이고, 세 번째로는 공기청정기가 교실 내의 물리적 환경뿐만 아니라 문화적 환경에 끼친 영향은 없는가?일 것입니다.

공기청정기를 대상으로 제기되는 첫 번째 질문인 '실제로 발생한 효과의 크기'를 측정하기 위해서는 실내공기 중 미세먼지의 변화량을 측정하고 그것을 수학적으로 기술하는 과정이 필요합니다. '자연을 수학화'해온 오랜 시도를 학교교실에 적용해보는 것입니다. 당연히 학생들이 직접 말입니다. 앞으로 교실을 개선하기 위한 다양한 교육적 시도가 진행될 것입니다. 이 과정을 교육(학)적으로 다루어야 합니다. 새로운 장치가 교실이라는 인공환경에 개입한 뒤 변화를 측정하고 수학적으로 기술하고, 개입된 장치가 발생시키는 의도치 않는 효과를 찾아내고, 환경에 대한 인간의 개입에 대해 성찰해보는 것입니다. 그리고 앞으로 그와 같은 방법으로 인공지능이라는 새로운 장치를 교육(학)적 탐구대상으로 다루는 것입니다. 그것이 장치의 교육학의 역할이고 범위입니다.

2019년부터 거의 모든 교실에 배치 중인 공기청정기가 '자리를 잡고' 정상동작하면, 우리는 그 장치의 다양한 효과(가령 인공환경과 자연환경의 분리를 당연시하는 관점의 내면화)를 사유대상으로 다루기 어려워질 것입니다. 교실출입문의 창문처럼 말입니다. 교육계에서는 배치되는 인공환경 개선장치를 앞으로 꾸준하게 사유대상으로 다루기 위해 공기청정기를 둘러싸고 형성되는 담론 그리고 담론의 주체를 확인하고 그에 대한 논의를 기록해야 합니다. 그것이 교육학전공자의 역할이고 '장치의 교육학'의 대상이라고 할 수 있습니다. 그러한 과정에서 장치들의 '위치'를 찾는 노력, 해당 위치에 배치되어야 하는 인공환경 개선장치의 구체적 모습을 만들어야 합니다. 그러한 방법으로 교실출입문, 교실 벽의 색깔, 교실의 모양, 책상과 걸상의 모양과 배치를 포함하는 다양한 장치를 대상으로 하는 교육학적 원리를 탐구해야 합니다. 그리고 그러한 장치의 교육학이 만들어내는 교육학적 개념공간 속에 '인공지능'이라는 놀라운 장치를 넣어 다루어야 합니다.

10. 장치를 바꾸면 교육을 바꿀 수 있을까요?

10. 1. 현미경의 교육학적 위치: 탐구하는 것과 탐구할 수 없는 것, 그리고 탐구되는 것의 경계

교실 특히 과학실에는 수많은 장치가 있습니다. 그중 현미경은 우리가 경험할 수 없던 세계를 경험할 수 있도록 만들어준 대표적 장치입니다. 현미경이라는 장치가 교육에 어떤 영향을 미치는지를 살펴보겠습니다. 현미경이라는 장치에 관한 이야기이기도 하고, 제가 경험한 것과 다른 사람이 경험한 것이 동일한 것이라는 증거(혹은 근거)에 관한 이야기이고, 내가 경험한 것을 다른 사람에게 공유하는(가르거나, 배우거나, 보내주거나 등) 방법에 관한 이야기 그리고 탐구와 경험의 결과에 기반한 의사소통의 혁신가능성에 대한 이야기이기도 합니다.

10. 2. 장치를 통한 경험, 장치에 대한 경험 1

현미경은 과학실에서 우리 모두가 경험한 대표적 장치입니다. 먼저, 현미경에 대한 저의 두 경험을 들려드리겠습니다. 이 두 경험은 시간이 지날수록 점점 더 또렷해지는 것 같습니다. 물론 그때그때 다른 관점으로 해석되면서 말입니다. 그중 첫 번째 경험은 제가 초등학생 때 이야기입니다.

저는 강원도 시골의 작은 초등학교를 나왔습니다(물론 중학교도 근처의 작은 학교를 다녔습니다). 각 학년에는 1개 반이 있었고, 우리 학년은 28명 정도가 입학해 23명 정도가 졸업했던 것 같습니다. 중학교도 초등학교에서 멀지 않았고, 학년 당 남학생반과 여학생반이 한 반씩인 학교였습니다. 학년이 올라가면 새로운 학생들로 반이 구성된다는 것을 처음 경험한 것은 고등학교 때였습니다.

초등학교 5학년 때라고 기억하지만 분명하지 않은 시기에, 정말 얼굴이 하얀 여학생이 서울(당시 우리는 우리 지역 밖의 이름이 낯선 도시는 모두 서울이라고 불렀습니다)에서 전학 왔고, 굉장히 놀랐던 기억이 있습니다. 사람 얼굴이 어떻게 저렇게 하얄 수 있지, …… 뭐 이런 느낌이었던 것 같습니다.

어느 날 담임선생님이 저를 부르셨고, 우리는 (얼굴이 하얀 여학생과 함께) 과학실에 들어갔습니다. 그곳에서 현미경이라는 걸 처음 봤습니다. 아마 학교에 새로 도착했던 게 아닐까 싶습니다. 깨끗한 나무상자에 담겨 있었습니다. 창문으로 밝은 빛이 화살처럼 쏟아지는 어두운 실험실 테이블에 나무상자가 또렷하게 서 있던 기억이 있습니다(물론 왜곡된 기억일 것이라고 생각합니다). 그리고 그걸 통해 멋진 것을 본 것 같습니다. 그래봐야 식물 잎의 표피세포를 여러 색깔로 염색한, 그냥 화석 같은 샘플을 봤겠지만 말입니다. 알록달록한 색깔에 놀란 것일 수도 있지만 당시 충격의 여진은 지금도 남아 있습니다.

제게 현미경은 '우리가 볼 수 없는 위치에 또 다른 세계가 있다'는 증거였고, 지금도 현미경은 저에게 같은 의미입니다. 단지 또 다른 세계가 있다는 확신뿐만 아니라 그러한 세계를 들여다 볼 수 있는 방법이 있다는 확신은 이후 제 삶의 많은 것을 변화시킨 것 같습니다. 현미경이라는 장치가 세계를 들여다보려 애쓰는 아이를 만든 것 같습니다. 당시 5학년 담임선생님께 (천체)망원경을 중학교 입학선물로 받았습니다. 그것으로 달을 처음 본 기억도 생생합니다. 달 표면이 울퉁불퉁했습니다. 토성의 고리도 보고 싶었지만 그럴 수는 없는 수준의 망원경이었습니다. 이후 나이를 먹고, 갈릴레이가 망원경을 통해 본 달 표면이 울퉁불퉁했던 사실이, 이후의 세계를 얼마나 크게 변화시켰는지를 확인한 뒤, 제 개인적인 경험이 그것에 오버랩되었습니다.

현미경이 놓여 있던 어두운 시골초등학교 과학실에서의 경험을 요즈음은 '미래를 경험하는 과학실'이라는 형식으로 해석하고 있습니다. 또 다른 시기가 오면 다른 관점으로 해석되겠지만 말입니다.

10. 3. 장치로서의 교실

제가 생각하는 과학실이라는 장치의 역할은 '학생들이 미래를 경험할 수 있는 곳'입니다. 말하자면, 아인슈타인이 특허청사무실에서 했던, 즉 시간을 상대적으로 다루는 기계장치들을 경험할 수 있던 경험을 할 수 있는 과학실입니다. 아인슈타인은 졸업 후 연구직으로 취직하지 못했습니다. 아인슈타인이 특허청에 취직하게 된 사실은 흔히 '아인슈타인도

젊었을 때는 일이 잘 안 풀렸다'는 증거처럼 다루는 것이 일반적 관점입니다만 하버드대학교의 과학사가 갤리슨(Peter Galison)은, 아인슈타인에게 특허청사무실이 어떤 존재였는지를 다른 관점에서 해석합니다. 당시 스위스의 베른의 특허청사무실은 유럽과 북미대륙 전역에 걸쳐 그물망처럼 연결된 철로를 따라 복잡한 운행을 시작한, 서로 다른 지역에서 출발한 기차가 특정 위치의 교차로에서 충돌하지 않도록 두 기차의 기관실에 걸린 시계의 시간을 맞추기 위해 고안된 다양한 신기술장치가 특허심사를 받기 위해 시시각각 도착하던 거점이었습니다. 당대의 최신기술을 안정적으로 꾸준히 접할 수 있던 특허청사무실에서의 경험, 정확히는 특허청사무실이 시간과 공간을 상대적으로 다루는 아인슈타인이 상대성이론을 정리정돈하기 위한 중요한 계기가 되었다는 것입니다.

아인슈타인이 시간과 공간의 상대성을 궁리할 수 있도록 도와준 특허청사무실과 그곳에서의 경험을, 우리 (미래의) 학생들에게(그리고 우리에게) 제공해줄 수 있는 그런 과학실을 궁리해보자는 것입니다.

제 유년기에, 우리가 볼 수 없는 위치에 새로운 세계가 있다는 증거를 제공해준 현미경이 놓여있던 과학실에, 현재는 무엇이 놓여 있어야 할지 궁리해야 합니다.

10. 4. 현미경이라는 장치의 교육학

현미경에 대해 좀 더 살펴보겠습니다. 모든 과학실에는 현미경이 있습니다. 여러 종류의 현미경이 있지만 기본적으로 눈 가까이에 대는 대안렌즈와 관찰대상 쪽에 가까이 대는 대물렌즈로 구성됩니다. 얇은 유리판 위에 관찰대상을 올리고 그런 다음 다시 얇은 유리판으로 덮은 뒤 대을 봤겠지만 말입니다. 알록달록한 색깔에 놀란 것일 수도 있지만 당시 충격의 여진은 지금도 남아 있습니다.

제게 현미경은 '우리가 볼 수 없는 위치에 또 다른 세계가 있다'는 증거였고, 지금도 현미경은 저에게 같은 의미입니다. 단지 또 다른 세계가 있다는 확신뿐만 아니라 그러한 세계를 들여다 볼 수 있는 방법이 있다는 확신은 이후 제 삶의 많은 것을 변화시킨 것 같습니다. 현미경이라는 장치가 세계를 들여다보려 애쓰는 아이를 만든 것 같습니다. 당시 5학년 담임선생님께 (천체)망원경을 중학교 입학선물로 받았습니다. 그것으로 달을 처음 본 기억도 생생합니다. 달 표면이 울퉁불퉁했습니다. 토성의 고리도 보고 싶었지만 그럴 수는 없는 수준의 망원경이었습니다. 이후 나이를 먹고, 갈릴레이가 망원경을 통해 본 달 표면이 울퉁불퉁했던 사실이, 이후의 세계를 얼마나 크게 변화시켰는지를 확인한 뒤, 제 개인적인 경험이 그것에 오버랩되었습니다.

현미경이 놓여 있던 어두운 시골초등학교 과학실에서의 경험을 요즈음은 '미래를 경험하는 과학실'이라는 형식으로 해석하고 있습니다. 또 다른 시기가 오면 다른 관점으로 해석되겠지만 말입니다.

10. 3. 장치로서의 교실

제가 생각하는 과학실이라는 장치의 역할은 '학생들이 미래를 경험할 수 있는 곳'입니다. 말하자면, 아인슈타인이 특허청사무실에서 했던, 즉 시간을 상대적으로 다루는 기계장치들을 경험할 수 있던 경험을 할 수 있는 과학실입니다. 아인슈타인은 졸업 후 연구직으로 취직하지 못했습니다. 아인슈타인이 특허청에 취직하게 된 사실은 흔히 '아인슈타인도

젊었을 때는 일이 잘 안 풀렸다'는 증거처럼 다루는 것이 일반적 관점입니다만 하버드대학교의 과학사가 갤리슨$^{Peter\ Galison}$은, 아인슈타인에게 특허청사무실이 어떤 존재였는지를 다른 관점에서 해석합니다. 당시 스위스의 베른의 특허청사무실은 유럽과 북미대륙 전역에 걸쳐 그물망처럼 연결된 철로를 따라 복잡한 운행을 시작한, 서로 다른 지역에서 출발한 기차가 특정 위치의 교차로에서 충돌하지 않도록 두 기차의 기관실에 걸린 시계의 시간을 맞추기 위해 고안된 다양한 신기술장치가 특허심사를 받기 위해 시시각각 도착하던 거점이었습니다. 당대의 최신기술을 안정적으로 꾸준히 접할 수 있던 특허청사무실에서의 경험, 정확히는 특허청사무실이 시간과 공간을 상대적으로 다루는 아인슈타인이 상대성이론을 정리정돈하기 위한 중요한 계기가 되었다는 것입니다.

아인슈타인이 시간과 공간의 상대성을 궁리할 수 있도록 도와준 특허청사무실과 그곳에서의 경험을, 우리 (미래의) 학생들에게(그리고 우리에게) 제공해줄 수 있는 그런 과학실을 궁리해보자는 것입니다.

제 유년기에, 우리가 볼 수 없는 위치에 새로운 세계가 있다는 증거를 제공해준 현미경이 놓여있던 과학실에, 현재는 무엇이 놓여 있어야 할지 궁리해야 합니다.

10. 4. 현미경이라는 장치의 교육학

현미경에 대해 좀 더 살펴보겠습니다. 모든 과학실에는 현미경이 있습니다. 여러 종류의 현미경이 있지만 기본적으로 눈 가까이에 대는 대안렌즈와 관찰대상 쪽에 가까이 대는 대물렌즈로 구성됩니다. 얇은 유리판 위에 관찰대상을 올리고 그런 다음 다시 얇은 유리판으로 덮은 뒤 대물렌즈 위에 올려놓고, 대물렌즈를 (흔히 다이얼을 돌리는 방식으로) 조작해 초점을 맞추어 관찰하는, 가장 일반적인 현미경을 기준으로 생각해보겠습니다. 물론 대물렌즈 아래 넉넉한 공간이 있고 그곳에 살아있는 관찰 대상을 상대적으로 낮은 배율로 관찰할 수 있는 현미경도 가능합니다. 현미경들은 대안렌즈에 눈을 대고 들여다보는 방식으로 대상을 관찰하면서 대물렌즈를 조작해 초점을 맞춥니다. 우리 모두 경험한 바와 같이 현미경은 초점거리가 매우 짧습니다. 대물렌즈 옆 다이얼을 약간 돌리면 다른 높이/깊이로 초점이 이동하고, 우리는 전혀 다른 것을 보게 됩니다. 중고등학교 시절 과학실에서의 현미경 실험을 생각해보면

> 먼저 조를 나눈 뒤, 현미경과 관찰대상을 준비합니다(흔히 조별 테이블 위에 준비되어 있습니다).
> 해당 조의 리더 역할을 하는 친구가 먼저 관찰대상을 대물렌즈 앞에 올린 뒤 관찰을 시작합니다.
> 대안렌즈에 눈을 대고 다이얼을 돌립니다.
> 이리저리 허둥지둥 다이얼을 돌리다가 무언가의 흔적을 발견하면 조금씩, 조금씩 다이얼을 움직여 세밀하게 초점을 맞춥니다.
> 관찰대상을 발견하는데 성공하면 가볍게 환호한 뒤 다음 순서 학생이 같은 과정을 반복해야 합니다.

사실 이 과정을 반복해야 하지만 흔히 초점 맞추는 일에 성공한 현미경의 다이얼에는 손대지 않고 들여다보기만 합니다. 초점 맞추기에 성공한 친구 역시 초점을 바꾸지 않은 상태로 기다리고 있는 다음 친구를 위

해 자리를 비켜주는 것이 일반적입니다. 그때 초점을 바꾼 뒤 다음 학생에게 주었거나 다음 학생이 받은 뒤 초점을 바꾼 상황을 생각해보면 '두 사람이 동일한 것을 보았다는 증거가 있을까요?'

제가 여러 가지 이유로 참관을 다녀본 과학실수업에서 종종 발생한 일입니다. 같은 조 학생 중 전혀 다른 것을 본 것처럼 이야기하는 학생이 있어 그가 본 현미경에 눈을 대고 들여다봤습니다. 그때 보인 것은 '공기방울'이었습니다. 유리판을 덮는 과정에서 발생한 공기방울을 관찰한 학생이 자기가 본 것이 무엇인지를 설명했던 것입니다. 그러한 사례를 살아 움직이는 대상을 관찰할 수 있는 '실체 현미경'에서는 더 쉽게 발생합니다. 실제로 관찰해야 할 대상이 아니라 뭔가 떠다니는, 정체가 불분명한 것을 본 뒤 나도 보았다고 말하는 것입니다. 현미경으로 들여다보면 대부분 신기한 외계생명체처럼 보이니, 가늘고 긴 먼지를 보고도 '나도 보았다'라고 말하는 것은 상식적입니다.

10. 5. 장치를 통한 경험, 장치에 대한 경험 2
현미경에 대한 제 두 번째 경험을 들려드리겠습니다.

A: (손으로 현미경을 가리키며) "먼저 한 번 보세요."

B: (현미경을 들여다본 뒤) "죄송합니다만, 이게 뭔가요?"

A: (당황스런 얼굴로) "…… 그걸 지금 나한테 물어보면 안 되지. 자네는 지금 자네가 본 것이 무엇인지를 나한테 말을 해야 하는 처지라네."

B: (다소 당당하게) "글쎄요 …… 처음 본 것이라, 뭐라고 말씀드려야 할지

……."

A: (정말 궁금하다는 듯이) "자네, 이런 거 처음 보나?"

B: (당당하게) "네."

A: (잠시 머뭇거리고 이거참하며) "자네 어느 학교에서 왔나?"

B: (당당하게) "강릉고등학교입니다."

A: (그럼 그렇지 하는 표정을 지으며) "지방이군 …… 실험은 좀 해봤나?"

B: (당당하게) "조금 해봤습니다."

A: (정말 궁금하다는 듯이 또는 불쌍한 학생 만난 듯이) "이런 현미경은 사용해본 적이 있나?"

B: (당당하게) "처음 봤습니다."

A: (어떻게든 뭐라도 말을 하게 해서, 이제는 마무리해야 한다는 듯이) "처음 본 것 치고는, 거기에 눈을 대야 뭔가가 보인다는 건 바로 알아냈군. …… 자 …… 우리 이제 어떤 대화를 해볼까? 내가 자네랑 하려고 했던 대화는 이제 어려울 것 같으니 말일세. …… 일단 거기서 보이는 것에 대해 좀 설명해보게. 뭔가 연상되는 게 있을게 아닌가?"

B: (당당하게) "배구공처럼 생겼습니다."

A: (웃으며, 다소 어이없어하며, 하지만 편한 표정으로) "…… 그런 거 말고, 뭔가 과학책에 나왔을 법한 걸 거기에 두고, 우리가 이러고 있을 것 같지 않은가? 지금 상황이 상황인 만큼 말일세." ……

B: (진정 놀라운 것을 발견한 표정으로. 이게 그거란 말인가!!의 표정으로) "아 그럼 이게 8분할 단계로군요. 대단해요. 이걸 실제로 볼 수 있었던 거네요. 놀라워요. 세상에. 이런 현미경은 이름이 뭔가요?"

A: (웃으며, '이상한 놈이 왔군'이라는 표정으로) "알아서 뭐하게. 하나 사

려고?"

B: (당당하게, '당연한 거 아닌가요'의 표정으로) "네."

　A는 대학입학시험면접시험 당시의 교수님입니다.
　이 대화는 실제와 가깝기는 하지만 저와 대화하는 교수님의 대화를 조금 바꾸었습니다. 이 정도로 친절하지는 않으셨거든요. 대화는 제 대학입학시험 당시의 면접시험 때, 시험장에 계시던 교수님과 나눈 이야기입니다. 실제로 현미경을 통해 본 건, 개구리 알의 8분할 단계 모습이었습니다. 사범대학교 응시생이었고, 필기시험을 끝낸 다음날 면접시험을 봐야 했습니다. 큰 실험실(학부실험실)에서 응시생들이 대기하고 있었고, 자기 차례가 되면 한쪽 문을 통해 다음 방으로 건너갔습니다. 거기 어느 나이든 교수님이 앉아 계셨고, 그분과 약 10분 정도의 시간동안 나누었던 대화입니다.
　시골에서 온, 진한 강원도 사투리를 쓰는 친구가 면접시험이라는, 불편했을 상황에서 당돌하게 자기와 편하게 수다를 떤 것, '이게 뭔지 모르겠다', '본적 없다', '이게 다 뭐냐', '놀랍다', '이게 그거냐' 수준의 이야기를 당돌하게 하는 모습에 좀 놀랬다는 말을 입학 이후 들려주셨습니다만, 면접시험 당시 교수님이 그렇게 친절하지는 않았습니다. 면접시험이 끝나고 나오면서 '망했다. 재수해야 하나보네'라고 생각했었습니다.
　당시 저는 처음 본 것(현미경 그 자체와 그것을 통해 본 것 역시)에 놀랬고, 제가 지금, 제가 실제로 봐야하는 것을 보고 있는 것인지(현미경사용법을 알고 있음을 보여주려고 했다고 생각합니다. 다이얼을 돌렸거든요), 면접 후반부에 '8분할 단계로군요'라는 말을 뱉고 교수님이 '뭔가 책에서 본 건

있나 보군'이라고 말해주기 전까지 계속 의심스러웠습니다.

대안렌즈를 사용하는 통상적 현미경으로는 자기가 보는 것과 동료가 보는 것이 동일한 것이라는 증거를 찾는 게 (거의) 불가능합니다. 당시 교수님이 이야기한 증거, 즉 '뭔가 책에서 본 거'와 같은 현미경 밖의 또 다른 증거가 필요합니다.

학생들이 자발적으로 관찰대상을 선정한 뒤, 미지의 것을 찾아가는 과정에서와 같이, 기준이 되어줄 외부증거가 없는 상황에서 현미경은 매우 난처한 장치입니다. 공유된 것이 분명하지 않은 상태, 즉 내가 본 것과 동료가 본 것이 동일한 것이라는 증거가 없는 상태에서 대화하고 협업해야 합니다. 아니면 동료가 발견해놓은 것, 그가 들려주는 것을 토대로 협업하는 수밖에 없습니다.

10. 6. 장치를 통한 경험의 공유 불가능성

과학탐구과정에서 '내가 경험한 것과 동료가 경험한 것이 동일한 것이라는 증거가 확보된 상태에서' 탐구결과를 효과적으로 활용하면서 탐구결과에 기초한 의사소통을 통해 협업할 수 있는 현미경이 있으면 어떨까요? 그런 현미경이 있다면 과학탐구경험과 결과에 기초한 (과학적) 협업을 지원하는 장치가 될 것입니다.

현재 초중고등학교에 적용되는 〈2015년 교육과정〉의 과학과 교육과정에는 과학적 사고역량, 과학적 탐구역량, 과학적 문제해결역량, 과학적 의사소통역량, 과학적 참여와 평생학습역량 등의 역량을 중심으로 교육과정을 재구조화하려는 노력이 담겨 있습니다. 〈2015년 교육과정〉은 최종 버전이라기보다는 지식이나 정보가 아니라, 과학교과의 하위개별과목별 지식이 아니라 이 과목들의 경계를 포괄적으로 가로지르는 (대각선으로 가로지르는) 역량중심으로 교육과정을 개편해가려는 시작점이라고 보는 것이 더 적절하다고 생각합니다. 그리고 그러한 역량의 발달을 지원하기 위한 다양한 시도(수업 방법, 평가방법 등)가 고안되고 있습니다.

새로운 현미경을 과학실에 배치하는 방법으로 그러한 역량증진을 지원할 수 있을까요?

새로운 현미경이 과학 자체 그리고 과학탐구방법 그리고 탐구결과를 공유하기 위한 방법에 관한 새로운 모델을 경험할 수 있도록 지원할 수 있을까요? 그리고 과학실에서 미래를 경험하게 할 수 있는 그런 현미경은 무엇일까요?

10. 7. 장치를 바꾸어 경험을 바꾸자

과학실에서 미래를 경험하고, 과학탐구와 탐구결과에 기초한 (과학적) 의사소통을 지원하고 관련 역량의 증진에 기여하기 위해 제가 제안해온 현미경은 'WiFi와 연결되는 휴대 가능한 현미경'입니다. 물론 그와 같은 현미경을 시중에서 수월하기 확보하기 어려운 시절에는 '컴퓨터와 연결되는 현미경', '스마트폰이나 스마트패드와 연결되는 현미경'이었습니다. 자기가 지금 무엇을 보고 있는지 동료들과 즉시 공유할 수 있을 뿐만 아니라 WiFi와 연결되기만 한다면 세계 어느 곳에서도 관찰결과를 즉시 공유할 수 있는 현미경이 과학적 의사소통에 대한 다른 차원의 경험을 학생들에게 제공해줄 수 있다고 믿기 때문입니다.

특허청사무실에서 아인슈타인이 시간과 공간의 상대성을 경험했던 것처럼, 시골초등학생이 볼 수는 없지만 실재하는 새로운 세계를 경험했던 것처럼 앞으로 도래할 미래를 경험해볼 수 있는 그런 과학실을 궁리해야 합니다. 그리고 과학의 논리와 방법 그리고 탐구결과를 기술하는 과학적 사고활동이 외부장치(현미경 등)와 맺는 관계에 대해 더 생각해볼 수 있는 시간이 확보되어야 합니다. 장치를 (재)배치하는 방법으로 그것들을 변화시킬 수 있습니다.

10. 7. 자연과학과 인공과학 사이, 장치의 교육학

초기 인공지능학자로 분류되는 인지과학자로 노벨경제학상을 받은 사이먼은 세상에 영향을 미치는 인공물Artifact(가령 현미경)을 대상으로 한 탐구를 Science of the Artificial(이하 인공과학)이라고 명명했습니다. 그의 관점에 신세를 져보면, 자연법칙을 따르는 자연을 탐구대상으로 하는 과학을 '자연과학'이라고 한다면, 자연법칙을 따르지 않는 인공물을 탐구대상으로 하는 과학을 '인공과학'으로 불러볼 수 있습니다.

사이먼의 관점을 넘어 라투르의 행위자네트워크이론의 관점으로 이 현상을 들여다보면, 인공물은 해당 인공물이 만들어질 당시 인공물에게 부여된 '개발의도'에 따라 동작해야 하지만 세계에 배치된 이후에는 '초기 의도'와는 다른 방식으로 동작하며 효과를 발생시키는 존재로 이해될 수 있습니다. 그래서 초기 의도와도 분리되고, 자연법칙에도 따르지 않는 인공물 자체를 교육학의 탐구대상으로 하는 개념공간이 필요합니다. 말하자면, '현미경을 이용해 (과학)교육의 경계를 확인해보는 것'입니다.

자연과학은 현미경을 도구로 다루지, 탐구대상으로 다루지는 않습니다. '현미경'을 탐구대상으로 하는 학문은 흔히 '공학'이라고 부르지만 '공학'은 현미경의 존재 자체를 탐구대상으로 하지는 않습니다. 공학적 접근은 현미경의 '기능'을 탐구대상으로 삼아 기능을 개선하려고 합니다. 앞으로 우리는 '현미경의 존재'를 현미경이 발생시키는 효과라는 측면에서 탐구할 수 있는 새로운 (학문) 영역의 가능성, 즉 장치의 교육학의 가능성의 관점에서 '현미경의 존재'를 교육(학)의 범위 안에서 다루어야 합니다. '현미경이라는 존재(아직은 분명하게 알지 못하는, 현미경이 학습자에게 발생시키는 다양한 효과 전체를 포괄하는 현미경이라는 존재 그 자체)'를 '과학적 탐구대상'으로 다루어야 합니다.

11. 전자계산기는 교육학적 사유가 가능한 위치에 있을까요?

11. 1. 변하는 것과 변하지 않는 것, 그리고 주체의 위치

시간과 공간, 즉 시공간은 힘/역장(질량)에 의해 휘어진다고 하지만 우리가 그러한 현상을 감각하지 못하는 이유는 다양할 것입니다. 우리가 경험하는 세계에서 발생하는 휘어짐의 정도가 매우 작기 때문이기도 하고, 아직 우리가 알지 못하는 무엇인가(가령 암흑물질)가 모종의 역할을 하고 있기 때문일 수도 있고, 우리가 휘어진 시공간에 속해 있기 때문일 수도 있습니다. 물론 우리 존재가 시공간을 휘게 만들기 때문이기도 할 것입니다.

우리 자신이 속한 시공간에 영향을 미치는 존재를 우리의 사유대상으로 다루는 것은 쉽지 않습니다. 우리가 그러한 현상과 사건에 속해 있기 때문입니다. 관측주체인 우리와 분리된(분리되어 있다고 가정된) 실체/실재를 탐구대상으로 하는 자연과학과 달리 우리와 분리될 수 없는 실체/실재를 탐구대상으로 하는 인문사회과학에서는 그처럼 우리와 연결된 대상을 다루는 방법이 발달해 왔습니다. 그러한 방법에 제가 붙인 이름은 '뒷걸음하기'와 '옆걸음하기' 방법입니다.

11. 2. '뒷걸음하기'와 '옆걸음하기' 방법

우리 세계에서 발생하는 현상을 사유대상으로 다루기 위해 시간축에 따라 뒷걸음쳐 해당현상이 발생하지 않았던 순간 혹은 최초로 발생하는 순간에서 살펴볼 수 있습니다. 시선을 현재에 고정시킨 뒤 시간축에 따라 뒷걸음하는 방법입니다. 흔히 고고학/계보학적 방법이라고 부릅니다. 그것이 그러한 순간의 시공간(그리하여 결국 우리가 사는 시공간)에 어떤 영향을 미쳤는지 확인하기 위해 시간축에 따라 뒷걸음하는 방법입니다. 공간축에 따라 옆 걸음으로 이동해 다른 공간에서 해당 현상을 관찰하는 방법으로도 확인해볼 수 있습니다. 비슷한 것이 다른 공간에서 다른 역할을 하고 있다면 그러한 사례로 우리의 시공간에서 동작하는 그것의 효과를 사유대상으로 다룰 수 있게 되고, 그것이 우리의 시공간에 어떤 영향을 미쳤는지 확인해볼 수 있을 것입니다. 흔히 민속지학 방법이라고 부릅니다.

전자계산기를 사례로 생각해보겠습니다. 이 두 가지 방법 중 시간축에 따라 뒷걸음하는 방법은 시간축에 따라 남아 있는 재료를 사유대상으로 이용하게 됩니다. 뒷걸음으로 이동해 전자계산기가 우리 교육계에 최초로 도입, 검토되던 시점으로 가보아야 하지만 남아 있는 문헌이 많지 않습니다. 우리나라 공무원조직에서 작성한 수많은 실행문서들은 보관처리가 되지 않을 뿐만 아니라 디지털 문서작업이 일상화된 1990년대 이후에는 우리나라에서만 사용하는 아래한글이라는 독특한 파일 시스템 때문에 문헌(파일) 간 본문검색이 어렵습니다. 관련 문헌을 찾아서 분석하는 고된 노력은 해당전공자 몫으로 남기고, 우리는 공간을 바꾸는 옆걸음하기 방법으로 전자계산기가 우리에게 어떤 존재였는지를 확인해보겠습니다.

11. 3. 전자계산기의 위치

우리나라에서는 초중고등학교에서 공부하는 과정에 전자계산기를 사용하지 않습니다. 단지 학교에서 사용하지 않을 뿐만 아니라 집에서도 공부에 방해가 되는 물건으로 분류되었습니다. 하지만 그것은 오래전부터 그리고 지금도 대학에서는 특정한 전공공부를 시작하면 사용하는 장치입니다. 흔히 대학에서 사용하는 계산기를 '공학용계산기'라고 부르고, 그것을 처음 본 대학교신입생 시절의 기억은 '세상에 ……'였습니다. 하지만 이제는 스마트폰에 통합되고 있습니다. 물론 아직 대학수업에서는 공학용계산기를 사용하고 있습니다.

전자계산기를 수학시험 도중에 이용할 수 있도록 허용하는 호주나 미국 그리고 그와 같은 방법으로 무엇인가를 측정하기 위해 고안된 시험문제(이 역시 교육장치입니다)를 보면, 우리나라에서 전자계산기라는 지능적(이 단어는 언제나 상대적입니다) 교육장치를 어떻게 다루고 있(었)는지를 사유대상으로 다룰 수 있게 됩니다. 물론 시험문제/시험지라는 교육장치 역시 사유대상으로 다룰 수 있습니다.

가령 호주에서 초등학생용으로 제공되는 문제지는 전자계산기 사용이 허가되는 문제지와 전자계산기 사용이 허가되지 않는 문제지로 나뉘어 있습니다. '그것을 사용하더라도 크게 도움이 되지 않는, 즉 생각을 좀 해봐야 하는 문제'들로 구성된 시험과 계산능력을 측정하는 문제로 구성된 시험으로 나뉘어 있는 것입니다. 수학시험을 이렇게 둘로 구분하자고 주장한 측에서 어떤 이유와 근거로 그러한 정책을 개발하고 실행하고 있는지는 문헌을 통해 꼼꼼하게 분석해보아야 하겠지만 여러 가지 관점에서 추측해볼 수 있습니다.

11. 4. 계산능력이 자기 인생에서 중요한 사람과 그렇지 않은 사람을 분리하자는 관점

계산능력을 중요하게 판단하는 교육학적 전제는 우리가 대부분 공유하는 것 같습니다. 즉 일상생활을 위해 필요할 뿐만 아니라 보다 고차원적인 추론을 위해 반드시 갈고 닦아야 할 능력이라고 판단하는 것입니다. '거스름돈은 계산할 수 있어야 하지 않겠느냐'부터 '단순연산을 빠르게 수행할 수 있는, 즉 특정한 인지처리과정을 자동화할 수 있다면 보다 높은 수준으로 나아갈 수 있다'를 지나, '추상적으로 사고할 수 있도록 도와주는 수학이라는 지식체계가 인류에게 제공해 준 소중한 자산을 공유하기 위해'까지 다양한 관점으로 이 입장을 교육학적으로 지지할 수 있습니다. 반대편에는 (아직은) 소수인 사람들이 있는 것 같습니다. '사칙연산을 잘하는 것이 우리에게 그렇게 중요한가? 인생을 살아가며 그러한 능력이 소중한 사람은 일부가 아닐까?'하는 관점입니다. 문제는 우리는 후자의 관점에 대해서는 이해하기 어려운 위치에 이미 와있다는 점입니

다. 이 문제는 '교육문제를 다루는 우리가 공유하고 있는 배경'이라는 관점으로 더 살펴보아야 합니다.[1]

11. 5. 전자계산기 '장치'에 대한 교육학의 관점

두 번째는, 전자계산기 같은 '장치'에 대한 교육학의 관점입니다. 인간의 생물학적 인지시스템(뇌)의 능력을 키우기 위해 사용하는 도구로 보는 관점과 우리 인지시스템의 구성요소 혹은 파트너로 보는 관점의 차이입니다. 전자계산기 같은 장치를 우리 인지시스템의 구성요소로 보는 관점을 지지하게 되면, 혹은 '검토가능하다'거나 '그냥 무시해버릴 수는 없다' 수준에서라도 이 관점을 받아들이게 되면 전자계산기를 이용하는 시험에 대해서도 '검토의 여지'를 만들고 교육학의 관점에서 검토를 시작해야 합니다. 이 관점을 특정한 방향(장치의 자율성의 방향)으로 더 밀고 가면, '교실출입문의 작은 창문 사례'를 배치할 개념공간에서의 위치를 발견할 수 있습니다. 단 한 개인의 인지파트너로서 장치를 개념공간에 배치하는 것이 아니라 교육시스템 전체를 구성하는 행위능력을 가진 구성요소로서 그러한 장치를 배치하는 개념공간을 구축할 수 있게 됩니다.

11. 6. 점잖은 관점과 점잖지 않은 관점

교육학은 통상 우리 두뇌에 계산(정보의 논리적 처리)에 필요한 기본적인 것 혹은 모든 것을 저장해 두어야 한다고 판단합니다(전자계산기를 다루는 점잖은 관점입니다). 전자계산기를 학교수업과 시험에 적용할지의

---

[1] 이 관점에 대해서는 제 졸저 『읽는다는 것의 미래』를 참고해주세요.

여부를 판단하는 과정에서 전자계산기 같은 외부장치가 우리의 인지시스템의 구성요소일 가능성이 있다는 이러한 관점에서의 논의가 있었을까요? 시간축을 따라 뒤로 이동하는 것은 공간축에 따라 옆으로 이동하기보다 어렵습니다. 현상을 그리고 실행자의 의도를 기록해 남겨둔 흔적을 찾아내야 하지만 전자계산기를 (수학)교육영역에서 어떻게, 어떤 원칙하에 다루었는지에 대한 기록과 증언을 발견하기는 쉽지 않습니다.

전자계산기를 다루는 행위를 점잖지 않게 보면 이렇습니다. 즉 나누어 가질 것이 제한되어 있으니 줄을 세워야 한다고 판단했다고 보는 것입니다. 줄을 세우는 방법은 간단해야 할 뿐만 아니라+줄을 세우는 방법에 대한 사회적 합의를 이끌어내는 과정 역시 간단해야 합니다. 현재 가장 광범위하게 그리고 일반적으로 사용되는 방법은 동일한 조건(세상에는 늘 '더 좋은' 계산기가 존재합니다)하에서 한 문제라도 더 틀리면 한 칸 뒤로 물러서게 하는 방법입니다. 중요한 시험(마지막 시험)에서 전자계산기를 사용할 수 없으니(외워서 풀어야 하는 문제가 나오니) 마지막 시험을 준비하는 프로그램인 준비운동시험에서도 모두 전자계산기 사용은 허용되지 않습니다.

현재, 교육(학)계에서는 전자계산기를 논의의 대상으로 다루지 않습니다. 이미 변수가 아닌 상수가 되었기 때문입니다(물론 스마트폰 등에 대부분의 기능이 포함되어버렸기 때문이기도 합니다). 장치에 대한 특정한 관점이 지배적인 관점이 되기 때문이기도 하지만 장치가 제자리를 잡고 정상 동작을 시작하면 시야에서 사라지고 사유대상으로 다룰 수 없게 되는 것도 이유가 됩니다.

보다 높은 수준의 인지능력을 확보하기 위해 단순반복에 해당하는 프로세스를 자동화하기 위해 우리의 인지시스템을 갈고 닦는 노력을 반복해서 해야 할까요? 아니면 보다 높은 수준의 인지능력을 확보하기 위해 단순반복에 해당하는 프로세스는 외부장치에 맡기고 우리의 인지프로세스를 보다 창의적인 방식으로 사용하는 훈련을 해야 할까요?

전자계산기의 사례로 한정해서 판단해보면, 우리나라 교육계는 전자를 선택했고 그러한 선택은 여전히 중요한 변화를 발생시키고 있습니다. 가령 2011년부터 추진된 디지털버전의 새로운 교과서 도입과정에 중요한 영향을 미쳤습니다. 2011년 말, 디지털교과서 도입을 추진하는 기관의 공식자문위원회회의에서 다음과 같은 질문이 제기되었고, 회의장에서 바로 답이 나왔고, 해당논의는 다시 진행된 적이 없습니다. '스마트단말기에 탑재될, 다양한 신기술이 도입된 디지털교과서를 학생들이 시험을 보는 상황에서도 사용하게 할 계획이십니까?' 질문한 자문위원은 인터넷에 연결되는 디지털교과서(좁은 의미에서 보면 스마트단말기에 탑재된 디지털교과서는 교과서와 전자계산기[계산기 앱]의 결합물입니다)를 이용해 지식과 정보가 유통되는 넓은 세계에 학생들을 노출시키고, 암기해서 보는 시험의 관행도 바꾸어보자고 제안했습니다. 시험 보는 도중 검색도 허용하고 전자계산기를 열어 계산도 할 수 있게 허용해보자는 것입니다. 물론 이런 시험을 위해 새로운 형태의 시험문제가 출제되어야 함은 당연하다고 강조했고 말입니다. 모든 시험을 그렇게 바꿀 수는 없으니, 일부 시험이라도 바꾸어보자는 것이었습니다(호주가 시험을 둘로 나누어 시행하는 것이 좋은 예가 될 수 있습니다). 자문위원회회의에서 앞의 질문은 짧은 시간동안 간단히 논의되었고, '학교시험을 보는 동안 디지털교과서를 도구처럼 사용하는 일은 없을 것이다'로 디지털교과서 자문위원회 입장은 정해졌습니다. 이 정도 수준의 사소한 결정은 회의록 등에 기록되지 않습니다.

12. 인공지능장치를 어느 위치에 배치해야 할까요?

앞 장에서 우리는 학교와 교실에 배치된 출입문의 작은 창문, 공기청정기, 현미경, 그리고 전자계산기가 가르치고 배우는 상황에서 어떤 독자적 역할을 그리고 영향을 미치는지를 살펴보았습니다. 우리는 앞으로 '어떤' 장치를, '어느' 위치에 배치할 것인지를 논의해야 합니다. 당연히 인공지능도 그러한 논의에 포함되어야 합니다. '어떤' 인공지능을 '어느' 위치에 배치해야 할까요?

10년 넘게 생활한 교실 속 장치에 대해 교육(학)적 관점에서 처음으로 생각해보게 되었습니다. 〈학교시설안전관리기준〉에 따르면 교실문은 '반대편이 보일 수 있도록 일정 높이에 고정된 유리창을 설치하며, 유리는 충격에 의한 관통 및 파손 시 파편의 비산이 없도록 한다'고 나오는데, 이는 교실을 설계하는데 안전을 우선적으로 고려한 것으로 이해되었습니다. 교수님 말씀대로 설계 목적과는 별개로 교실문의 작은 창은 그만의 효과(교실 내의 학생 혹은 교사가 언제라도 외부에 관찰당할 수 있다는 사실을 인지하도록 만드는 효과)를 내고 있었습니다. 교육이 이루어지는 교실이라는 장소를 교육학적 관점에서 설계한다는 생각은 신선한 충격이었습니다. 어쩌면 가장 먼저 교육학적 설계가 이루어져야 하는 장소인데, 장소 안의 교육(소프트웨어적 요소)에만 집중하고 장소(하드웨어적 요소)에 대해서는 충분한 고민이 이루어지지 않아왔구나, 교실에서 이루어져야 할 고민이 반밖에 다루어지지 않아왔구나 하는 생각이 들었습니다(S대학교 사범대학교 2020년 신입생 A).

교실의 단순 배경으로 여겨지는 부분을 교육학에서의 '장치'로 보는 관점이 매우 인상적으로 느껴졌습니다. 출입문에 있는 작은 창문, 교실 안에 놓아둔 공기청정기가 각각 교육환경에 어떤 영향을 미치는가. 보통 사람들에게는 그런 관심이 과하게 느껴질 수도 있습니다. 하지만 그러한 환경적 요소들은 분명히 교육의 질에 영향을 미칠 것이고, 저를 포함한 사범대학학생들에게 그것을 탐구할 책임이 있다는 생각이 듭니다(S대학교 사범대학교 2020년 신입생 B).

인용한 두 글은 2020년 1학기에 서울대학교에서 개설된 수업에서 만난 학생들 의견입니다. 오프라인수업을 할 수 없던 상황에서 온라인으로 토론식수업을 진행하는 과정에서 작성된 학생들 의견입니다. 당시의 수업은 알파고 이후 우리에게 상식이 되어버린 '학습하는 인공지능' 시대에 '가르치는 인공지능'도 가능할까요?라는 질문에 대한 답을 찾아가는 과정으로 설계되고 실행되었습니다. 현재 사범대학을 포함하는 교원양성기관에 재학 중인 학생들은 이후 교사가 된 뒤 교실에서 인공지능을 활용할 가능성이 높습니다. 교육계에 등장하는/등장하게 될 인공지능을 다룰 수 있는 교육학적 관점을 찾아가는 수업이었습니다.

인공지능을 활용할 미래의 교사는 좀 더 효과적이고 효율적으로 개별학생에게 적합한 방법으로 교과지식을 가르칠 수 있을 것입니다. 평균과 표준편차를 기준으로 전체 집단에서의 위치에 따라 평가되던 방식을 넘어 개별학생마다 다른 '알고&모르고의 경계'와 '관심 있고&없고의 경계'를 찾아내 개별학생에게 1:1 맞춤서비스를 제공할 수 있을 것입니다. 인공지능은 지식의 전체 구성이 좀 더 잘 보이도록 개별학생에게 맞추어 '시각화'해 줄 것입니다.

인간 교사가 감지하기 어려운, 교실에서 발생하는 데이터를 수집해 분석하는 인공지능은 비가시적인 '학교폭력의 경계신호'를 확인해 보다 안전한 학교를 만들 수도 있습니다. 그러한 과정에서 편향과 차별을 다루는 우리 한계와 독립적인 인지시스템을 확보한 상태로 '생각하는 사물'에 둘러싸인 학생과 교사의 주체성에 대해서도 새로운 질문이 드러날 것입니다. 이에 대한 논의는 다음 장에서 다루겠습니다.

인공지능과 연결되는 장치 자체에게 '생각하는 능력이 있는지의 여부'와 별개로 맞은편에서 상호작용하는 존재(학생, 교사 그리고 우리)에게 '생각하는 것처럼 보인다면' 그것을 '생각하는 존재'로 다루어야 한다는 튜링테스트의 관점에 기반해 보면, 미래에 등장할지도 모르는 굉장한 수준의 인공지능이 아니라 현재 수준의 인공지능조차 '생각하는 존재'로 다루어야 합니다.

인간의 고유한 능력이던 '생각하는 능력'을 확보하고 있는 것처럼 보이는 '인공인지시스템', '생각하는 사물'로서의 인공지능장치가 교육학세계의 구성원으로 등장하고 구석구석으로 배치가 계획되고 있습니다. 그렇다면

12. 1. 어떤 인공지능이 어느 위치에 배치되어야 할까요?

바이러스시대를 맞아 모든 학교와 공공시설, 대형건물 출입이 열감지카메라에 의해 통제되고 있습니다. 열감지카메라를 출입문에 세워두고 관리자가 지켜보는 방식으로 말입니다. 머지않아 열감지카메라+관리자는 열감지카메라+인공지능으로, 그리고 장기적으로 건물 내의 안전관리는 인공지능이 담당할 가능성이 없지 않습니다. 교실내부의 안전을 모니터링하기 위한 목적도 가진 출입문의 '작은 창문'이 인공지능과 연결되거나 혹은 인공지능에 의해 대체될 수 있습니다.

> 허가받지 않은 외부인이 학교를 출입할 수 없도록 해야 해요. 학교 출입문과 중앙현관 등의 학교 출입문뿐만 아니라 교실출입문에서도 이와 같은 통제가 가능해야 해요. 학교를 안전한 공간으로 만드는 것은 무엇보다 중요하거든요. 안전은 무얼 배우고 말고보다 앞선 문제이고 가장 기본이 되는 문제일 테니 말이에요. …… 학교를 출입하는 위치에 얼굴을 인식하는 인공지능 카메라를 설치하는 것이 좋은 방법이 될 수 있어요. …… 출입을 통제하는 기능을 넘어 학교 안에서의 폭력행위를 사전에 예측할 수도 있을 거예요. …… 학생들이 미래를 경험할 수 있는 조건을 만들어주어야 해요(2019년에 있은 S교육청 미래교실 기획회의 중).

우려할만한 수준의 학교폭력사태가 발생하면 늘 학교안전을 통제할 방법을 찾는 회의가 열리고 정책을 기획하게 됩니다. 99.99% 안전한 곳으로 유지되더라도 낮은 확률로 발생하는 0.01%의 폭력사태가 내부공간의 안전을 '통제'하는 새로운/대안적 정책을 고안하는 이유로 제기되고 비슷한 논의는 꾸준히 반복됩니다. 그러한 이유로 미래의 학교의 출입문에는 '작은 창문'이나 CCTV를 넘어 '얼굴인식인공지능'이 배치될 가능성이 없지 않습니다.

새로운 디지털장치의 도입과정에서 필요하다고 공유되어온 (시범학교, 연구학교 등의) '준비기간'이 바이러스시대를 맞아 사라지고, 속도감 높게 집행되고 실행되고 있습니다. 바이러스시대에 디지털전환되는 교육장치들(교실의 디지털전환이라는 점에서 원격수업이 대표적인 예라고 할 수 있습니다)의 우두머리격인 '인공지능' 역시 배치가 시작되었거나 배치가 검토되고 있습니다.

원격수업을 위한 기술환경에는 인공지능이 배치될 것입니다. 원격수업상황에서 발생하는 '데이터'를 학습자료로 활용하며 원격수업인공지능이 자라나게 될 것입니다. 다음 번 국가수준 교육과정(현재는 〈2015 교육과정〉이라고 불리고 있습니다)에서는 교과서에 인공지능이 연결될 가능성이 있습니다. 개별학생에게 맞춤서비스를 제공하려는 인공지능은 수학콘텐츠에 적용되고 있습니다. 어린 나이에 '수학공부를 포기해버리는 현상'을 개별학생 대상의 맞춤서비스로 줄일 수 있다면 그 자체로 검토해볼 가치가 있습니다. 학생의 영어 듣고, 말하기 능력을 키워주기 위해 자연어처리능력이 있는, 흔히 우리가 인공지능스피커라고 부르는 장치가 시범서비스 중에 있고, 2021년에는 (일부) 학교에 (시범) 적용될 예정입니다. 이 과정에서 수백 년 동안 든든한 지위에 있던 '종이책'의 대안이 마련될 수도 있습니다.

다양한 '위치'에 배치될 인공지능 역시 출입문의 '작은 창문'처럼 앞으로 교육(학)이 구성하는 세계의 특정한 위치를 자기의 자리로 차지한 뒤, 정상동작하게 되면 우리는 그러한 장치를 사유대상으로 다루기 어려워질 것입니다.

현재 배치 중인 디지털전환된 교육장치, 인공지능교육장치를 사유대상으로 다루기 위해 현재 인공지능을 둘러싸고 형성 중인 담론 그리고 담론의 주체들을 확인하고 그에 대한 논의를 기록해야 합니다. 그러한 과정에서 인공지능의 '위치'를 찾는 노력, 그러한 '위치'에 '어떤' 인공지능이 가장 적절한 인공지능인지를 찾는 노력, 그리고 그러한 '위치'와 '그것'을 교육학의 개념공간에 배치하려는 노력과 함께 해당위치에 배치되어야 하는 인공지능의 구체적 모습을 만들어야 합니다. '어떤' 인공지능이 미래를 살아갈 학생들에게 이로운 인공지능인지, 그러한 인공지능이 배치되어야 할 '위치'는 어디인지를 찾아야 합니다.

교실 내의 사회관계를 조정하는 교실출입문에 배치된 '작은 창문'은 '공학'의 대상입니다. '공학'은 흔히 '기능'을 탐구대상으로 하고 기능의 개발이나 개선을 목표로 한다는 점에서 학교의 '행위자'로서의 작은 창문에 대한 우리 질문, 즉 '작은 창문이 발생시키는 교육(학)적 효과는 무엇인가?'를 탐구하기에는 한계가 있습니다. 자연법칙을 따르는 자연Nature을 탐구대상으로 하는 과학을 '자연과학Natural Science'이라고 한다면, 탐구주체가 이미 포함된 개인 인간들의 총체로서의 사회를 탐구대상으로 하는 과학을 '사회과학Social Science'이라고 한다면 이제 자연법칙을 따르지도 않고+인간도 아닌 인공물을, '자연'과학도 아니고 '사회'과학도 아닌 '과학'의 탐구대상으로 하는 과학을 '인공과학Science of the Artificial'으로 명명할 수 있을 것입니다.

하나의 나무가 세계에 미치는 영향과 관계맺음을 탐구대상으로 하는 자연과학처럼, 하나의 개인이 사용하는 언어와 행위가 세계에 미치는 영향과 관계맺음을 탐구대상으로 하는 인문사회과학처럼 '작은 창문'을 포함한 다양한 장치가 교육공간에 미치는 (창조자의 의도와 상관없이 발생시키는 효과라는 의미에서의) 영향과 관계맺음을 탐구대상으로 다루어야 합니다. '작은 창문' 같은 장치를 대상으로 하는 교육학, 즉 '장치의 교육학'을 활용해 (멀지 않은 미래에 올지도 모르는) '작은 창문'이 인공지능과 연결되는 현상과 인공지능교육장치를 탐구해야 합니다.

2020년, 현재 진행 중인 인공지능교육장치의 사례를 살펴보겠습니다. 미래에 설치될 지능형-교육장치를 미래에 '시간축을 거슬러 탐구'하기 위한 재료로 남겨두어야 합니다. 몇 가지 사례를 조금 자세히 정리해 보겠습니다. 첫째는 학습자의 데이터를 기초로 학습자를 예측하고 이후 학습을 추천하려는 '지능형학습분석시스템' 정책사례이고, 둘째는 인간의 말을 알아듣고 인간과 대화하는 능력을 확보하고 있는 '대화형인공지능을 영어수업에 활용'하려는 정책사례이고, 셋째는 지능정보기술을 활용해 학교공간(과학실)을 지능화하고, 수업과 탐구과정에서 지능정보기술의 활용을 지원하기 위한 '지능형과학실' 정책사례입니다.

12. 2. 평가/진단의 (인공)지능화 사례: 지능형학습분석시스템

'지능형'이라는 용어가 형용사로 사용되면서 다양한 교육정책을 수식하고 있습니다. '지능형학습분석시스템'은 학생이 다양한 영역에서 남겨놓은 흔적을 한 곳으로 모아 분석하면 학생의 현재(무엇을 잘하는지, 무엇을 못하는지)뿐만 아니라 미래(무엇을 잘하게 될 것인지, 무엇을 못하게 될 것인지)까지도 예측할 수 있으리라는 가정 하에 2018년부터 교육부에서 추진 중인 정책입니다. 2020년 현재까지는 주로 디지털학습환경에 학생이 남겨놓은 흔적을 주요 분석대상으로 추진되고 있습니다. 이 시스템에 대한 질문은 두 가지로 가능합니다. 충분히 넉넉한 정보와 시간이 있다면 학생의 미래는 예측가능한가? 그렇다가 이 디지털전환의 전제입니다.[2] 두 번째 질문은 학생을 위해서라면 개별학생의 미래를 예측해도 되는가? 이 질문에 이어, 예측된 결과에 따라 학생에게 처방이 이루어져도 되는가? 이 질문에 그렇다고 대답하는 것은 교육(학)의 전제입니다. 물론 그러한 처방을 위한 예측행위가 현재 교육계에서 동작하는 방식은 학교/교실/교육과정/교과서/중간고사/기말고사/모의고사/대학입학시험 등으로 구성된 교육시스템이 측정해 수집한 정보를 기초로, 판단은 교사가 하는 것입니다.

충분한 데이터를 확보한 뒤 분석한다면 인공지능의 도움을 받아 수포자[3]를 예측할 수 있을 것입니다. 수포자가 될 가능성이 높은 학생으로 예측된다면 그에 적절한 콘텐츠를 제공해주면 도움이 될 것입니다(교육부에서 초등수학콘텐츠에 인공지능을 적용하는 정책을 추진하는 담당 연구사 A).

[2] 물론 이 질문에 아니다라고 대답한 뒤에도 학생의 미래를 예측하려는 정책이 추진되어야 하는 근거는 있습니다. '보다 바람직한 방향으로 학생의 미래를 변화시키기 위해서'입니다. 가령 개인적으로나 사회적으로 성공한 선배학생들이 남겨놓은 흔적은 학생의 미래를 보다 적절한 방향으로 수정하기 위해 사용될 수 있을 것입니다.
[3] 수포자[수학을 포기한 자]에 대한 정의는 다양하지만 일반적으로 공유된 정의는 '스스로 수학공부를 포기한 자'입니다.

한 사회의 아동 대부분이 교육시스템에 참여해 본인의 미래를 준비할 수 있도록 노력한 결과, 약 100년 전부터 거의 모든 아동이 학교에 다닐 수 있게 되었습니다.4 '획일화'와 '줄세우기'는 그러한 과정에서 발생한 다양한 문제 중 하나입니다. 디지털의 가능성이 학교시스템에 도입되면서 꾸준히 제안된 해결책은 1:1 맞춤교육이었고, 인공지능시대에 대비해 교육계가 기획 중인 시스템은 1:1 맞춤교육을 제공하기 위한 학습자분석시스템입니다. 1:1 맞춤교육의 전제는 학생 한명, 한명을 정확하게 분석하고 예측하는 일입니다. 현재의 공교육시스템을 약 30만 명의 신입생이 매년 입학하는 하나의 학교라고 가정해보면, 30만 명의 학생의 현재상태와 미래의 모습을 예측하는 일입니다.

성공적인 1:1 맞춤학습을 위해 전제되는 개별학습자에 대한 정확한 이해를 위한 곳이 교육장치로서의 인공지능이 자리 잡아야 하는 위치로 선택되었습니다. 추가로 검토해보아야 할 문제는, 한 학생을 '수포자'로, '미래에 수포자가 될 가능성이 높은 학생'으로 예측하고 분류했을 때 추가로 발생하는 문제가 없겠느냐는 점입니다. 이 질문을 좀 더 확장해보면, 학생을 위해서라면 학생을 분석하고 예측해도 되는가?입니다.

수포자문제를 해당학생 개인의 문제라고 한다면 '학교폭력가해자가 될 가능성'은 학생 개인의 문제를 넘어 학교공동체문제입니다. 인공지능기술이 '학교폭력가해자가 될 가능성'을 예측하는 위치에 배치될 교육장

---

4 오랫동안 종교가 담당했고, 이후 자본이 담당하게 된 인류의 '차세대양성프로그램'에서 현재 자리 잡은 공교육체계라는 장치는 차별과 편견을 극복하기 위해 공공영역이 인류의 차세대양성과정을 책임지도록 하기 위해 배치된 오랜 투쟁의 결과물입니다.

치로 검토되고 있습니다. 이때 검토되는 인공지능기술은 Vision AI라고 분류되는 인공지능의 한 종류입니다. 물론 교과서적 분류에 해당됩니다만 Vision AI는 시각데이터를 처리합니다. 대표적 적용사례는 '자율주행자동차'입니다. 시각정보를 수집해 발생할 위험 가능성을 예측하는 기술은 중국에서 가장 발달하고 있습니다. 개인정보와 관련된 데이터수집과 분석, 해석과 적용에 상대적으로 자유로운 나라라서 가능한 것으로 보입니다.

학교 내에 Vision AI 기술이 적용된 카메라가 설치되고 카메라가 수집하는 영상데이터분석을 기초로 학교폭력이 발생할 가능성, 특정학생이 학교폭력가해자가 될 가능성을 분석하고 예측하고 예방하자5고 일부 시도교육청이 검토한 정책입니다. 2019년부터 시작된 논의는 현재6에도 학생의 개인정보가 침해될 가능성과 학교폭력 예방 가능성 사이에서 논의가 진행 중입니다. 이 논의에 참석한, 얼굴인식인공지능기술의 학교적용을 지지했던 관계자는 이 기술이 개별학생에 대한 교사의 이해를 지원할 수 있다고 강조합니다.

(얼굴을 인식하는 인공지능을 교실에 도입해야 하는 이유는) 교사를 지원할 수 있기 때문입니다. 학생들에 대해 보다 정확한 정보를 상세하게 [교사에게] 전달해줄 수 있습니다. 보다 효과적인 수업을 가능하게 할 뿐만 아니라

---

5 특정 학생이 학교폭력가해자가 될 가능성을 예측해 예방할 수 있다면 해당공동체(학교폭력피해자 발생을 예방할 수 있다)를 위해서 뿐만 아니라 해당학생에게도 이로운 시도라고 할 수 있습니다.
6 폭력사태를 사전에 예측해 예방하려는 논의는 우려할만한 학교폭력사태가 발생할 경우 늘 다시 시작하고 반복됩니다.

보다 안전한 교실을 만들 수도 있습니다. 학교가 뒤쳐져서는 안 됩니다. 새로운 기술을 적극 도입할 필요가 있습니다(2019년 9월 30일, 얼굴인식인공지능의 학교도입을 교육청에 제안 중인 회사대표 A).

그러한 신기술의 도입을 검토한 교육청관계자는 교육효과가 충분히 검증되기도 전에 학교현장에 해당 기술을 적용하려는 시도에 부정적이었습니다.

왜들 그렇게 학교를 가만히 내버려두지 않는지 모르겠습니다. 아직 사회에서도 성공적으로 적용되지 않은 것으로 보이는 기술을 왜 그렇게 서둘러 학교에 적용하려고 하는지 모르겠습니다. 물론 이런 식으로 말하고 생각하기 때문에 학교를 보수적인 곳이라고 할 수는 있겠습니다만 말입니다(2019년 9월 30일, 얼굴인식인공지능 도입 관련 회의내용을 전달받은 교육청 관계자 A).

12. 3. 대화와 상호작용의 (인공)지능화 사례: 대화형인공지능과 영어교육

인공지능과 함께 살아가는 시대를 향해 열릴 것처럼 보이는 출입문 앞에 서있는 학생들로부터 이런 질문이 제기됩니다.

다국어를 지원하는 실시간 번역기가 나올 텐데 영어단어는 뭐하러 그렇게 외워야 하나요?

학생들은, 말하자면, 그러한 시대를 살아가야 할 당사자입니다. 하지만 그들은 의사결정 순간에 멈춰 서게 됩니다. 인공지능을 '반려 장치'로 다루는 신세계로 들어가는 저 출입문을 지나기 전에 거쳐야 할 시험(단어와 문법을 외워야 통과할 수 있는 시험) 이 있음을 알기 때문입니다. 위와 같은 질문의 대부분은 학부모로부터 제기됩니다. 영어를 전문가수준으로 다루지 않는 대부분의 일반인-학부모에게 영어는 암기와 숙달문제입니다. 그리고 암기와 숙달로 확보할 수 있는 능력은 모두 인공지능에 신세질 수 있으리라고 믿는 일반인이 학부모가 되어 미래를 전망하고 문제제기를 시작한 것입니다.

> 인공지능동시통번역기가 알아서 해줄 텐데 영어단어 그만 좀 외우자. 지금 시절이 어느 땐데. ……
> 물어보면 답을 해주는 인공지능이 자라고 있으니, 우리는 좀 다른 데 집중해야 하지 않겠느냐. ……

다양한 국적의 언어를 듣고 말할 수 있는, 자연어처리가 가능한 인공지능이 인간에게 지식과 정보를 전달해 주는 역할을 할 수 있을까요?

인류가 다양한 지역과 문화권에서 분리, 구축해온 수많은 언어를 실시간통번역해주는 인공지능이 등장함에 따라 '인류에게 외국어를 가르쳐온 직업이 미래에도 남아 있을 수 있을까?'와 같은 질문이 제기되고 있습니다. '시리^{Siri}'와 '헤이 구글'을 지나 다양한 AI 스피커들이 우리 사이, 사이에 끼어들고 있습니다. 여행지에서 통역사 노릇을 하고, 호텔에서 손님을 받기 시작했고, 외로운 사람들의 말동무가 되고 있으며, 집안에서 집사 노릇을 시작했습니다. 지금은 돕고 있지만 앞으로 원래 인류가 담당했던 역할을 대체하게 될 것입니다. 그리고 우리는 그 순간을 특이점이라고 부릅니다. 특이점에 대응하기 위해 인공지능교육장치는 교육계의 어느 위치에 어떤 모습으로 배치되어야 할까요? 그리고 '가르치는 인공지능'도 가능해질까요?

 2018년부터 서울시교육청에서 추진되었고, 2020년 현재 교육부가 전국의 초등학생을 위해 준비 중인 '영어로 대화할 수 있는 인공지능'은 학생과 교사를 돕는 도구로 준비되고 있습니다. 전자계산기에게 단순연산을 맡기려는 시도처럼 영어를 듣고 말하는, 암기와 숙달과 관련된 '훈련'을 대화형인공지능장치에 맡기고 영어수업을 변화시키려는 시도라고 할 수 있습니다. 영어교사와 학생을 위한 대화형인공지능기술은 교육계에서 인공지능의 위치를 찾는, 특이점에 대응하는 교육계 내에서 대화를 시작해볼 수 있는 중요한 기회가 될 것입니다. 학교수업을 넘어 일상생활 속에서 학생의 외국어훈련을 위한 개인적 도구로 위치를 확장할 수 있게 된다면, 미래 세대가 특이점에 대응하는 방법을 찾는 사회적 수준의 대화를 시작해볼 수도 있을 것입니다. 2018년부터 서울시교육청이 추진 중인 정책은 2020년 현재 교육부가 추진 중인 계획에 따르면 2021년부터 공개(시범)운영을 시작할 것입니다.

12. 4. 학교공간의 (인공)지능화 사례: 지능형과학실

 과학교육에서는, 여타 과목들과 달리, 학교의 물리적 공간에(도) 집중합니다. 모든 학교에 설치된 '과학실' 때문입니다. 최근 20년 동안 진행되어온 학교의 과학탐구공간을 개선하려는 정책은 쉼 없이 낡아지는 과학실 설비와 공간개선정책(과학실현대화정책), 개별학교의 과학교육공간의 클러스터화정책(교과교실형과학실), STEAM활동지원교과융합형공간정책(미래형과학실), 교과서 범위를 벗어나 실세계 문제를 동료들과 협업하며 탐구할 수 있는 공간정책(창의융합형과학실)을 기반으로 지능정보기술을 과학탐구공간에 적용해 학생활동을 지원하는 공간정책(지능형과학실)으로 이어지고 있습니다.

2021년부터 5년 동안 학교현장에 순차적으로 배치할 계획이 수립되고 있는 지능형과학실에서 학생은 교과서에 포함된 실험/탐구와 학생이 직접 설계한 실험/탐구를 수행하고, 과학교과의 범위를 넘어 다양한 교과가 융합된 개인탐구와 소그룹 탐구를 인공지능, 사물인터넷, 빅데이터, 가상현실과 증강현실기술(이하 '지능정보기술')을 활용해 수행할 수 있게 될 것입니다. '지능형과학실플랫폼'을 구축해 그러한 학생활동을 지원하려는 계획인 것입니다. 지능정보기술을 활용하는 과학탐구활동을 지원하기 위해 구축될 지능형과학실플랫폼에서 학생은 이전에 경험해보지 못한 활동을 탐구과정에서 경험하게 될 것입니다.

지능형과학실플랫폼을 활용한 탐구과정에서 학생이 하게 될 경험의 특징을 정리해보면 이렇습니다. 첫째는 실시간데이터경험입니다. 지능형과학실에서 학생은 다양한 위치, 조건, 장치에서 측정되는 실시간데이터를 이용해 탐구하며, 평균으로 압축되거나 시공간의 특정 위치에 정지 상태로 가공된 데이터가 아니라 실시간으로 생성되는 데이터의 전체집합(전체집합이라는 의미에서 빅데이터)을 다루며 세계 속의 숨은 의미를 탐구할 수 있을 것입니다. 학생과 동료학생이 직접 측정한 실시간데이터뿐만 아니라 다양한 기관에서 공개하는 '공개데이터'를 탐구과정에서 탐구대상으로 활용할 것입니다.

둘째는 서로 연결된 과학실경험입니다. 지능형과학실에서 학생은 디지털 플랫폼으로 연결되는 (글로벌 수준의) 원격지의 과학실장치와 그곳의 전문가, 그곳에서 진행되는 탐구와 실험결과를 활용할 수 있을 것입니다. 가령 서해안의 갯벌 인근의 학교에서 갯벌에 설치한 웹캠으로 갯벌 생태계의 24시간을 탐구할 것입니다. 물론 전 세계 학생과 함께 서해안 갯벌을 탐구하는 것입니다.

셋째는 원격지 학생들과의 협업경험입니다. 지능형과학실에서 학생은 원격지 학생들과 공동으로 수행하는 탐구활동을 경험하고 그들과 의견을 주고받으며 탐구과정에서 발생하는 데이터와 현상을 공유하며 협업하며, 물리적 공간과 시간의 한계를 벗어나 협업하는 경험을 할 것입니다. 가령 과학고등학교 학생은 학내봉사활동으로 전국의 초등학교 학생들의 탐구활동을 원격지에서 도와줄 수 있을 것입니다.

넷째는 지능형기술 활용경험입니다. 지능형과학실에서 학생은 지능정보기술을 경험하는 수준을 넘어 그것을 본인의 탐구과정에 활용할 수 있을 것입니다. 가령 교실에서 사물인터넷기술로 측정되는 온도와 습도의 빅데이터를 딥러닝프로세스에 적용해 교실의 에어컨을 자동제어하는 알고리즘을 개발해보는 탐구를 수행할 수 있을 것입니다. 교실에 배치된 장치를 지능형으로 재설계해보는 것입니다. 실제로 구현 가능한지의 여부를 떠나 자기가 생활하는 공간에서 문제를 발견하고 해결하는 경험은 그 자체로 교육(학)적으로 큰 의미를 가집니다.

다섯째는 지능형 공간경험입니다. 지능형과학실 정책에서는 기존의 과학실을 지능형으로 전환하는 노력 역시 시도될 것입니다. 지능형으로 전환된 과학실, 즉 지능형과학실에서 학생은 인공지능 에이전트와 대화하며 실험하고 탐구과정을 설계하고, 데이터를 해석하는 경험을 하게 될 것입니다.

그와 같은 경험을 학생에게 제공하기 위해 지능형과학실에서 사용할 지능형과학실플랫폼 역시 준비되고 있습니다. 지능형과학실플랫폼에는 학생과 교사가 과학탐구과정에서 활용할 수 있는 다양한 디지털자원이 등록/저장/연결/배치될 것입니다. 지능형과학실플랫폼이 포함할 디지털자원을 요약해보면 다음과 같습니다.

1. 학생의 탐구과정에서 활용 가능한 형태로 정리정돈된 데이터 세트가 배치될 것입니다. 학생이 측정하거나 전문기관에서 제공한 빅데이터 그리고 학생의 탐구과정과 결과를 저장하는 데이터플랫폼의 기능이 제공되고 데이터세트가 포함될 것입니다.

2. 실시간영상으로 연결해 자문 받을 수 있는 연구소와 대학교연구실의 연구원 등의 전문가뿐만 아니라 디지털로 연결 가능한 전문적 실험설비와 (웹캠, 디지털 현미경 등의) 장치를 포함하는 디지털자원이 등록될 것입니다.

3. 지능정보기술을 활용해 제작된, 교육과정의 안과 밖으로 연결되는 과학탐구디지털콘텐츠가 등록되고 저장됩니다. 이를 위해 다양한 디지털콘텐츠생산주체가 개발한 콘텐츠를 등록할 수 있는 공간이 마련되어 지능형과학실플랫폼에서의 사용을 지원할 것입니다.

4. 온라인으로 수행 가능한 실험탐구교육프로그램이 등록됩니다. 교

육과정에 맞추어 개발된 프로그램뿐만 아니라 학생이 선택해 수강할 수 있는 다양한 종류의 온라인실험탐구교육과정이 등록될 것입니다.

지능형과학실에서 학생은 교육과정 내의 주제뿐만 아니라 실생활에서 발견한 주제를 탐구하는 과정에서 동료들과 협업하고 전문가의 지원을 받아 지능정보기술 활용역량을 키우고 전 세계에 흩어진 자원을 활용하며 세계 속의 비밀을 체계적으로 탐구하는 과학탐구역량을 키워갈 수 있을 것입니다.

6
인공지능시대의 교육학

13. 학습자는 주체일까요?

13. 1. 알고 있는 것과 알고 있지 않은 것 사이의 경계

교육은 '가르치다'와 '배우다'가 형성하는 공간 자체이거나 그러한 공간에서 발생하는 현상입니다. 그리고 교육은 알고 있는 것과 알고 있지 않은 것 사이의 경계를 찾는 활동입니다. 그러한 경계를 다루는 학문적 활동이 교육학입니다. 그러한 경계에 위치한 '나'의 경계탐구와 관련된 활동은 '배우다'로, 남의 경계 탐구와 관련된 활동은 '가르치다'라고 할 수 있습니다. 이 관점에서 반드시 탐구해야 할 대상은 이 '경계'입니다. 이 장의 대상은 가르치다와 배우다 사이의 '경계' 특히, 언어가 생성하는 경계입니다. 우리가 찾으려는 '경계'가 우리 언어에 의해 어떻게

(재)구축되는가 입니다. 그러한 경계탐구를 위해 사소하지만 동시에 중요하고, 생활언어가 되어 익숙하지만 교육(학)의 핵심을 구성하는 단어를 이용하겠습니다. 목표는 우리에게 익숙한 단어(언어)를 낯설게 만들고, 그러한 낯섦의 원인을 '경계'라는 관점에서 살펴보는 것입니다.

13. 2. 단어를 다루는 방법으로서의 '개념구름'

그러한 탐구를 위해 단어 하나를 만들어 정의하겠습니다. 모든 단어/개념에는 그것을 둘러싼, 명쾌하게 언어로 정의할 수 없는 불투명한 개념공간이 존재합니다. 이 개념공간에 '개념구름^{Cloud}'이라는 이름을 붙이겠습니다. 이제 단어와 단어 또는 단어가 갖는 서로 다른 의미 간의 관계/경계는 단어를 둘러싼 '개념구름' 간의 관계/경계가 됩니다. 개념구름의 모양새는 '원자 모형'의 모양으로 생각해주시면 됩니다. 금방 알아채셨겠지만 개념구름에서의 '구름'은 '전자구름'에서의 '구름'입니다.

개념을 개념으로 다루지 않고, '개념구름'으로 다룰 경우 여분의 공간 및 방법이 드러납니다. 이 여분의 공간에 단어를 넣어 다루어 보겠습니다. 가령 '산소'는 존재하지만 산소의 실체/존재를 물리적으로 확인하는 것은 (거의) 불가능합니다. 확률적으로만 존재하는 전자의 위치를 특정할 수 없고 확률함수로만 정의할 수 있으니 말입니다. 이 상태를 '구름'으로 개념화하면, 확률적인 존재를 구체적 대상물로 다룰 수 있는 여분의 공간 및 방법이 확보됩니다.

단어(산소)와 단어를 둘러싼 개념구름(전자구름), 구름 간의 관계/경계(화학적 결합), 결합된 결과물(산소분자)로 생각해보자는 제안이고 가설입니다. 집중해야 하는 곳은 경계에 숨어 있는 차원, 즉 심연입니다. 이런 식으로 풀면, 자연과학을 연결한 유추^{Analogy}가 되지만 이를 '미분가능성 (특히 불연속상태에서의 미분가능성)', '극한과 초월수', '집합의 연산' 등의 수학적 유추로도 풀어볼 수 있습니다.

가장 단순한 사례로 시작하겠습니다.

하나의 단어가 두 개 이상의 의미를 갖는 경우입니다. 이 사례를 통해 하나의 단어 안에 어떤 경계가 있는지, 그리고 그러한 경계에 어떻게 의미가 숨어버리는지를 확인하는 것입니다. 그렇게 의미가 숨어버린 경계에 '개념구름 속 심연', '숨은 차원', '숨겨진 차원' 등의 이름을 붙여줄 생각입니다. 한 낱말인데, 둘 이상의 의미를 갖는 또는 두 개 이상의 의미 중 하나 이상의 의미가 사라져 버리는 사례를 번역어에서 찾겠습니다. 사용할 낱말은 subject입니다. subject는 우리 주제, 즉 '가르치는 인공지능의 (불)가능성'과 직접 관련된 단어입니다. 결국 이 단어로, 이 단어가 구성하는 개념구름을 살펴보고, 개념구름 속 경계를 찾아보고, 그것들이 우리 주제 내부에 어떤 경계를, 즉 '숨은/숨겨진 차원'을 구축하는지에 대해 '물음'을 제기하는 것입니다.

'물음'은 언어가 만들어내는 경계를 찾는 방법으로 제안하고 싶은 방법입니다. 사실 이 경계에 접근하는 것은 불가능에 가깝기 때문입니다. 숨은 차원이 스스로 모습을 드러낼 수 있도록 개념구름에 물음을 제기해보자는 것입니다. 이제 '물음'입니다.

13. 3. 학습자는 주체일까요?

'학습자는 주체이다'는 문장에 숨어 있는+숨겨진 차원을 확인하겠습니다. 이 문장을 수학기호로 표시해보면, '학습자=주체' 정도 될 것입니다. 문장에서 서술어가 갖는 고유한 특성은 일단 무시하겠습니다. 두 개의 단어가 등호로 연결되었습니다. 양측이 같다는 의미입니다. 이제 세 가지 대상물이 등장했습니다. 학습자, 주체 그리고 등호(=)입니다. 우선 이 문장이 우리 주제, 가르치는 인공지능의 (불)가능성과 관련된 의미부터 살펴보겠습니다.

20세기 교육학, 그리고 지금의 교육학에서 비고츠키와 피아제^{Jean Pia-get}(1896~1980년)의 구성주의^{Constructivism}는 교육학의 중요한 지적 토대입니다. '지식/앎은 학생에 의해 능동적으로 구성된다, 그들에게 더 많은 기회를 주고 맡기자'는 관점은 구성주의의 토대 위에서 학교교육의 배경 혹은 전제로 배치될 수 있었습니다. 한동안 교육학에서의 구성주의의 자리는 위협받지 않을 것입니다. (노동이라는 방법으로 세계와 교류하는) 인간을 역사의 주체로 다루는 혁명기 러시아의 비고츠키의 (사회적) 구성주의와 이성의 힘으로 우주의 동작원리(갈릴레이, 뉴턴, 아이슈타인을 지나 양자역학의 원리까지)의 발견/해석을 완성해가던 20세기까지의 성취의 세례를 받은 스위스의 피아제의 (인지적) 구성주의는 지식과 정보, 경험 그리고 앎은 학습자 스스로 인지적 과정을 통해 그리고 사회적 과정을 통해 구성한 결과물이라는 점을 강조합니다.

비고츠키와 피아제의 구성주의는 학습자가 학습의 주체라는 관점의 지적 토대 역할을 해왔습니다. 구성주의 관점에 근거한 교육은 지식과 정보를 이쪽(가르치는 측)에서 저쪽(배우는 측)으로 전달하는 것보다는, 지식과 정보가 저쪽(배우는 측)에서 발생할 수 있도록 필요한 자원을 (재)배치해야 함을 강조합니다. 이 맥락 하에서 '가르치는 측'은 조력자/촉진자로 재배치됩니다. 조력자/촉진자는 학습자 앞에 서서 지식과 정보를 전달하는 역할이 아니라 학습자 옆이나 학습자 사이에 있어야 하고 지식과 정보 그리고 학습자에게 제공되는 경험은 배우는 측의 실제 삶의 상황과 연결된 상태로 배치되어야 하며, 배우는 측에서 능동적으로 활용할 수 있도록 도구와 환경을 (재)배치하는 것에 집중해야 한다는 것입니다.

구성주의 관점에 따라 학습자는 본인이 알고 있는 것과 알고 있지 않은 것 사이의 경계 근처까지 교수자의 배웅^{Scaffolding}을 받게 됩니다. 그리고 그러한 경계, 모든 학습자마다 모두 다 다른 개인적 경계를 탐구하게 됩니다. 그리고 알고 있지 않은 것을 알고 있는 것으로 바꿉니다. 당연히! 스스로!! 학습자를 주체로 다루는 것은 교육(학)의 실제 방법일 뿐만 아니라 교육학의 윤리이기도 합니다.

구성주의 관점을 기초로 하면 인공지능의 위치는 자연스럽게 결정됩니다. 지식과 정보, 그리고 경험을 처리하는 독자적 프로세스를 가진 인공인지시스템인 인공지능의 자리는, 손(말, 글)을 내밀면 닿을 수 있는, 배우는 자의 옆자리입니다. 그러한 위치에서 배우는 자의 주체적 지식/앎 구성을 배웅하는 역할을 담당합니다. 배후(proactive한 존재로 드러나는 배경)로 드러나지 않는 배경 정도의 역할을 기대할 것입니다. 질문하고, 추천하고, 제안하고, (실시간 혹은 비실시간으로 재-설계된) 지나가야 할 길에 대한 정보를 제공하면서 학습자가 맥락을 놓치지 않은 상태에서 자기가 해야 할 것에 집중할 수 있도록 지원/배웅하는 역할이 인공지능의 교육(학)적 위치일 것입니다.

'가르치다'와 '배우다'가 만들어내는 시공간에서의 학습자의 주체성을 강조하는 이 관점의 대전제는 '학습자는 주체이다'입니다.

13. 4. 학습자Learner는 주체Subject일까요?

학습자=주체라는 등식에서 사실 등호(=)부터 의심해보고 싶지만 일단 '주체'를 살펴보겠습니다.

13. 5. 단어 subject에 숨은 차원

개념구름 속에 숨은 차원을 드러낼 단어의 사례로 subject가 있습니다. '학습자는 주체이다'에서 주체는 subject의 번역어입니다.

subject는 흔히 주체로 번역합니다. 교육학에서도 주체는 subject의 번역어입니다. subject라는 단어가 우리학계에 등장하기 이전, 우리나라 교육학의 고유한 역사에서 배우는 자를 주체로 다룬 시절이 있었는지, 그래서 subject라는 단어가 주체로 번역되기 이전부터 학습자를 주체로 이해하는 담론이 존재했었는지는 분명하지 않지만 비고츠키-피아제의 구성주의 맥락에서의 '학습자는 주체이다'에서 주체는 subject의 번역어입니다.

주체는 자기 행위의 주인으로, 능동의 존재입니다. 자기가 판단하고, 자기 판단에 따라 실행하는 존재입니다. 그때의 주체의 반대말은 '객체'입니다. '객체'는 다양한 의미를 포함한 복잡한 단어지만 이번 경우에는 '주체'와 마주하고 있는 측면의 의미만으로 '객체'를 다루겠습니다. 주관으로 번역될 때의 반대말은 객관이고, 주어로 번역될 때는 서술어/목적어 등과 이어집니다.

우리가 주체로 번역해 사용하는 subject는 라틴어의 *subjectum*과 관계가 있습니다. *subjectum*은 '아래 있는 것', '토대가 되는 것', '근저에 있는 것'의 의미에 해당합니다. 이 의미를 칸트 시대에 인간의 이성에 대한 관점을 정리정돈하면서 이성의 토대와 근저에 있는 것의 의미를 강조하며 subject가 되고 이후 지금까지 우리 이성의 토대가 되는 것이라는 의미, 즉 주체/주어의 의미로 사용됩니다.

우리나라 단어인 '주체/주어'의 의미와 달리 subject는 사용되는 상황에 따라 주체/주어가 아닐 수도 있습니다. 심지어 정반대 의미일 수도 있습니다. 특이하게 subject는 '주체'의 정반대의 의미, 즉 지배를 받는 존재라는 피동의 의미로도 사용하는 단어이기 때문입니다. 정반대 의미를 동시에 담고 있는, 흔치 않은(하지만 그렇다고 희귀하지는 않은) 단어입니다. subject가 주체/주어의 의미가 아닌 다른 의미로 사용되는 몇 가지 사용 예를 살펴보겠습니다.

subject는 신이나 군주에 복종하는 국민으로서의 지위를 가진 자라는 의미로도 사용합니다. 이때는 '신민臣民'이라고 번역하고 가끔은 '신하'라고 번역하기도 합니다. 이때 subject는 권력(특히 신이나 왕권) 앞에 엎드린 자라는 의미sub-ject입니다. 가령 아직 (여)왕이 존재하는 영국 국민은 a British Subject라고도 적습니다. 군주 앞에 엎드린 신민이라는 의미입니다.

subject는 피험자/피실험자라는 의미로도 사용됩니다. 임상의학이나 실험심리학 영역에서 실험당하는 자라는 의미입니다. 그때는 피험자, 피실험자로 번역합니다. 교육학자라기보다 심리학자에 더 가까운 피아제에게는 매우 익숙한 의미일 것입니다. 물론 인지-발달-실험 심리학자라고 할 수 있는 비고츠키 역시 마찬가지입니다.

subject가 (타)동사로 사용될 때는 '종속시키다', '복종시키다', '시

달리게 만들다', '당하게 만들다'의 의미를 갖기도 합니다. 가령 The Roman Empire subjected most of Europe to its rule(로마제국은 대부분의 유럽 국가를 자기 지배하에 두었다) 같은 방법으로 사용합니다.

'학습자는 subject다'는 문장을 '학습자는 주체이다'로 번역해도 될까요?

13. 6. '학습자는 주체이다'라는 문장에 숨어버린 차원

'숨어버린' 이 자동사(문장 속에 숨다)로 읽히기 때문에 '숨겨진'으로 적고 싶습니다만 누군가가 의도를 갖고 그곳에 '숨긴' 것처럼 읽혀 '숨어버린'으로 적습니다(비고츠키의 구성주의가 한국으로 유입되던 초창기에 누군가/어떤 그룹이 의도를 갖고 저렇게 번역했을까요?).

학습자=subject라고 진술되었을 때의 subject는 배우다라는 현상이 발생하는 토대나 근저가 되는 것이라는 의미, 스스로 행위하는 자라는 의미, 가르치다 측의 권력 앞에 의존적인 존재라는 의미, 분석되고 실험당하는 자라는 의미, 본인 판단을 실행할 권한이 없는 상태에서, 즉 자신이 알고 있는 것과 알고 있지 않은 것의 경계를 알 수 없는 '어디가 어딘지 모르는' 상태에서 배워야 한다고 누군가가 판단한 지식이 제공되는 프로그램을 수동적으로 받아들여야 하는 자라는 의미를 모두 담아 학습자=subject라고 진술되었을 가능성이 높습니다. 물론 학습자는 subject라는 이 문장이 기술된 전체 텍스트의 맥락에 따라 이 문장을 기술하는 사람의 의도에 따라 의미가 다를 가능성이 있어 '가능성이 높습니다'라고 적습니다.

우리나라에서는 학습자는 subject라는 문장이 학습자는 주체라고 번역되었습니다. '주체'라는 단어에는 피동의 의미, 의존하는 존재라는 의미, 무언가에 엎드린 자라는 의미는 없습니다. subject가 주체로 번역되면서 주체라는 단어 속에서 '어떤' 의미들이 사라졌습니다. 그처럼 사라진 의미들은 주체: subject를 이항대립시키는 방법, 둘 간의 경계를 드러내는 방법을 통해 드러납니다. 이를 '이항대립 방법'이라 이름 붙이겠습니다.

'학습자는 subject다'라는 문장과 '학습자는 주체이다'라는 문장 사이에는 들여다보고 궁리해야만 하는, 그리하여 그 사이에 무엇이 있는지 밝혀내어 잘 보이도록 드러내야만 하는 '심연', '숨은/숨겨진 차원'이 있습니다. 그런 의미에서 '학습자는 주체이다'라는 문장에는 '숨어 있는 의미-차원'이 존재하고, '학습자는 주체'라는 진술은 특정한 개념구름을 구축하게 되고, 그러한 개념구름 속에서 우리는 '학습자는 주체이다'라고 생각하게 됩니다. 학습자는 '주체'일까요?

13. 7. 능동과 피동, 주체-하기와 주체-되기

상태와 운동의 의미를 담고, 능동과 피동의 의미를 굳이 구분해 번역어를 만들어보자면 subject는 주체-하기와 주체-되기입니다. 자기 행위의 주인일 경우에는 주체-하기이고, 지배받는 자라는 의미일 때는 주체-되기입니다. subject가 주체로 번역될 때 두 가지 의미 중 하나의 의미가 사라집니다. '주위의 것들에 의해 규정되는 존재'라는 의미가 사라지는데, 이 의미를 강조해보면 subject는 현실세계에서 시시각각 규정되고 변화하는 존재입니다. 말하자면 subject-in action입니다.

이 두 가지 의미를 모두 담아보면 subject는, 자기 행위에 의해 시시각각 규정/변화되는 자기 행위의 주인, 주위의 다양한 존재들(말과 글, 장치와 사물, 제도와 개념 등)에 의해 시시각각 규정/변화되는 자기 행위의 주인이라는 의미가 됩니다.

능동이자 동시에 피동의 의미입니다. subject를 그런 의미로 사용하게 될 경우 이 단어에 대한 적절한 한글단어는 찾기 어렵습니다. 난처하지만 '주체-되기', '주체화'라는 용어가 사용됩니다.

'주체'라는 단어의 개념구름 속에서 사라지는 의미, 즉 피동의 의미를 드러내기 위해 주체와 subject 간의 경계, 그리고 주체(의 개념구름) 내부의 능동과 피동 간의 경계를 드러내는 방법으로 subject를 '주체-되기'로 적는 게 가능하겠지만 쉽지 않은 일입니다. 저도 『읽는다는 것의 미래』에서 해당단어를 사용하기는 했습니다만, 언제나 '학습자는 주체이다'라고 적지 않고 '학습자는 주체-되기의 존재이다'라고 적을 수는 없습니다. 주체 속에 숨은 차원을 드러내는 방법, 즉 새로운 이름이 필요합니다. 저는 앞의 졸저에서 '반$^+$주체'라는 이름도 사용해보았습니다. 반만 주체라는 의미로 시도했지만 마음에 드는 단어는 아닙니다.

13. 8. 언어의 한계는 세계의 한계입니다.

'학습자는 주체이다'라고 말하는 사람과 '학습자는 subject다'라고 말하는 사람은 다른 개념세계에 거주하는 사람입니다. 이 두 세계 간의 경계를 주체subject 사이의 경계를 통해 확인해보았습니다.

한계는 경계의 한 종류입니다. 경계의 가장 마지막 극단, 경계의 가장 외곽이 한계입니다. 그 너머는 다른 세계입니다.

'가르치는 인공지능'과 마주하는 학습자는 주체일까요? '주체'인지 혹은 '주체'가 될 수 있는지는 더 따져봐야 하겠지만 마주하는 과정에서 학습자는 '주체-되기'와 '주체-하기' 과정을 경험하게 될 것은 분명합니다. 영어단어를 그대로 사용해본다면, '가르치는 인공지능'과 마주하는 학습자는 subject일 것입니다. '가르치는 인공지능'과 마주하고 상호작용하며 변해가는 존재라는 의미로 말입니다.

13. 9 개념은 세계를 (재)구축합니다.

학습하는 알고리즘(머신러닝)이 가능하다면 가르치는 인공지능(티칭머신?)도 가능할까요? 아마 머신러닝이라는 단어에 이 세계가 익숙해지면 익숙해질수록 티칭머신의 존재 역시 의심하지 않을 것입니다. 머신러닝과 티칭머신 간의 문제를 풀어가는 과정에서 '학습자는 자기 학습의 주인이다'는 단순하지만 위험한 진술이 만들어내는 '개념구름'의 한계는 알고 있어야 합니다.

'인공지능은 가르칠 수 없다. 왜냐하면 학습자는 주체이기 때문이다' 같은 얼핏 보면 옳은 이야기도 숨은/숨겨진 차원을 드러내놓고 보면 당연하지 않은/옳다고는 할 수 없는 진술이 됩니다.

14. 가르치면 배울까요?

　인공지능과 교육 사이를 셋으로 나누면 인공지능, 교육, 그리고 둘 사이의 경계일 텐데, 먼저 살펴볼 대상은 교육입니다. 계속되는 목표는 인공지능을 위한 교육학적으로 올바른 자리를 탐구하고, 그곳에 그것을 배치할 계획을 세우는 것입니다. 그러한 자리를 찾고 그곳에 배치하기 위해 풀어야 할 핵심이 되는 질문은 '가르치는 인공지능'입니다. 가능한지? 올바른지?입니다. 인공지능을 위한 개념적 자리를 마련하고, 그곳에 인공지능을 개념적으로 배치해본 뒤 무엇이 보이는지를 살펴보아야 합니다.

　그렇게 정리된 인공지능의 개념적 자리에 교육학을 겹쳐보는 것입니다. 이번에는 교육학 내부의 경계를 찾아서 드러내 보겠습니다. 개념공간의 특성을 드러내기 위해 내부의 경계를 확인하는 질문은 많습니다만, 이번에 사용할 질문은 '가르치면 배우는가?'입니다.

　'가르치다'와 '배우다'는 흔히 원인과 결과의 관계로 이해되곤 합니다. 즉 '가르치면 배운다' 관계로 말입니다. 누군가 앞에서 가르친다고 가정해봅시다. 가르치는 사람은 '가르쳐야겠다고 판단한 무엇'을 열심히 설명하고 가르쳐줍니다. 가르치는 사람의 맞은편에서 배우는 누군가 혹은 누군가의 무리에게서 배움이 발생했다고 가정해볼 수 있습니다. 그렇다면, '가르쳐야겠다고 판단한 무엇'과 '배움으로 발생한 무엇'은 동일한 것일까요? 이 둘이 같은지 혹은 다른지 확인하는 것은 가능할까요?

　이 둘이 같은지 다른지를 밝혀내는 것은 매우 어렵습니다. 사실, 불가능하다고 봐야 합니다. 가르치는 측은 배우는 측에서 발생하는 배움의 과정 및 결과를 알아낼 방법이 없습니다. 물론 시험을 본다든가 질문을 해본다든가하는 방법으로 배움의 결과를 추정해볼 수는 있을 것입니다만 단지 (통계적) 추정에 불과합니다. 배우는 측에서는 가르치는 측에서 가르쳐주려고 했던 것과 자기가 배우고 있다고 판단되는 것이 동일한 것인지, 다른 것인지 알 수 없습니다. 가르치는 주체가 가르치려고 했던 것이 무엇인지 알 수 없을 뿐만 아니라 배우는 측에 속한 무리, 즉 동료에게서 어떤 배움이 발생하는지 역시 알 수 없습니다. 가르치는 측에서 가르치려는 것을 안다면 그는 배우는 측에 있는 존재가 아닙니다. 가르치다와 대등한 존재에 해당합니다.

사실 '가르치다'와 '배우다'는 독립되어 있을 뿐만 아니라 둘이 어떤 관계에 놓여있는지 분명하지 않습니다. 더 강하게 말하면, 둘이 존재하는 세계는 서로 다른 세계, 즉 다른 차원의 세계입니다. 고진柄谷行人은 『탐구』1에서 서구사상은 세 가지 가정에 기초해 구성되었다고 강조합니다. '말하다: 듣다', '가르치다: 배우다', '팔다: 사다.' 이 세 가정 중 '말하다: 듣다'와 '가르치다: 배우다'의 가정을 교육학에 적용해볼 수 있습니다.

첫 번째, 말하면 듣는다는 가정입니다. 말하는 주체가 말하려는 것을 듣는 측에서는 알 수 없음에도 불구하고 말하면 듣는다고 가정하는 것입니다. 물론 듣는 사람은 아마 말하려는 주체가 말로 전하려는 내용을 크게 벗어나지 않는 수준에서 듣고 있을 가능성이 있습니다. 둘의 관계가 오래되면 오래 될수록 둘 사이에서 발생하는 오해 수준은 줄어들 것입니다. 그럼에도 불구하고 말하는 측에서 말하려고 했던 것과 듣는 측에서 들어버린 것 간의 관계는 분명하지 않을 뿐만 아니라 관계가 없다고 보는 것이 더 적절해보입니다. 내가 해버린 말을 상대가 어떻게 들었을지 알 방법은 없습니다.

두 번째, 가르치면 배운다의 가정입니다. 앞서 말씀드린 것처럼, 가르치는 측에서 가르치려고 의도한 바로 그것과 배우는 측에서 발생하는 배운 그것의 관계가 흔히 생각하는 것처럼, 가령 인과관계인 것처럼, 분명하지 않음에도 불구하고 둘의 관계를 의심하지 않는다는 전제 위에 서 구사상이 쌓아올려졌다는 것입니다.

14. 1. 가르치다: 배우다↔말하다: 듣다

'가르치다': '배우다' 관계가 성립하기 위해서는 가르치는 편에서 알고 있는 '것'을 상대편은 모르고 있어야 (한다고 가정되어야) 합니다. 만약 양측이 모두 그'것'을 알고 있다면 그러한 관계는 '가르치다': '배우다'가 아니라 '말하다': '듣다'입니다. 이 불균형에 '알고&모르고 불균형'이라는 이름을 붙이겠습니다. 이 '알고&모르고 불균형'이 '가르치다': '배우다' 관계의 전제가 됩니다. 문제는, 그러한 앎과 모름의 관계 때문에 둘 사이의 커뮤니케이션의 성공을 보장할 수 없다는 것입니다.

비트겐슈타인Ludwig Josef Johann Wittgenstein(『철학적 탐구』)은 '가르치다': '배우다' 관계를 (관계맺음이 발생하기 이전에) 공유된 규칙이 존재하지 않는 타자와의 커뮤니케이션이라고 합니다. '가르치다': '배우다'와 달리 '말하다': '듣다' 관계는 규칙을 공유하는 존재 사이에서 이루어지는 커뮤니케이션이라고 할 수 있습니다. 고진(『탐구』1)은 커뮤니케이션의 양상을 '말하다': '듣다' 관계와 '가르치다': '배우다' 관계(비트겐슈타인)로 구별합니다. 이는 우리 언어로 말하자면, '오해가 적은 대화'와 '이해가 적은 대화'의 구별과 유사합니다. '가르치다': '배우다' 관계에서 커뮤니케이션의 성립은 보장되지 않습니다. 서로를 이해할 방법이 없기 때문입니다. 한쪽은 '아는 쪽'이고, 다른 한쪽은 '모르는 쪽'입니다. 각자는 서로가 무엇을 아는지, 무엇을 모르는지 알 수 없습니다. 이 상태의 '알고&모르고 불균형'이 '가르치다'와 '배우다' 사이의 경계를 만들고, 이 경계가 교육이라는 개념공간을 구성합니다. '알고&모르고 불균형'은 '교육'이라는 개념구름의 속성입니다.

'가르치다': '배우다' 관계의 특수함을 종종, 권력의 역전현상으로 설명하기도 합니다. 하지만 이 글에서는 그 관점은 배제하고자 합니다. '가르치다'는 불안한 존재입니다. 즉 목숨을 건 도약을 해야 하는 존재입니다. 도약(실행) 이후의 생과 사는 '배우다'에 의존적입니다. 즉 배움이 발생하지 않으면 가르침도 없기 때문에 '가르치다'는 독자적 권력을 갖고 있다고 보기 어렵습니다. "가르치는 측에서 보면 내가 말로 무언가를 의미한다고 해도 타자가 인정해주지 않는다면 의미는 성립하지 않는다. 내 자신 안에 '의미하다'라는 내적 과정 따위가 존재하지 않는다는 말이다. 더욱이 내가 무언가를 의미한다고 해도 그것은 타자가 그렇게 인정하는 무언가일 수밖에 없고 그것에 대해 나는 원천적으로 부정할 수가 없다. 그러므로 사적私的인 의미(규칙)란 존재할 수 없는 것이다"(고진, 『탐구』 1).

그럼 상대방에게서, 즉 배우는 측에서 이해가 발생하지 않는 가르침은 무슨 의미일까요? 가르침이라고 부를 수 있을까요? '가르치다'가 중심인 세상에서 '배우다'가 중심이 되는 방법은 가능할까요?

배우는 측, 즉 학생은 단순히 수동적·객체적[또는 대상적] 존재로 상황 속에 앉아 있지만은 않습니다. 학생은 가르치는 자에 의해 전달되는 지식 및 전달되고 습득되는 방법 안에서 꾸준히 운동하는 존재입니다. 그러한 내적 운동의 결과가 '잠이나 자자'라더라도 말입니다. '가르치다'와 '배우다'가 구성하는 공간 속에서 '가르치다'의 주체는 양자 사이에 발생하는 커뮤니케이션의 지배자, 통제하는 자를 넘어서 앎의 원인이 되어야 합니다.

이때 '가르치다'와 '가르치는 주체'의 역할은 이중적입니다. '가르치다': '배우다' 사이에서 발생하는 커뮤니케이션을 교육적 의도/목적 하에서 지배해야할 뿐만 아니라 '배우다'가 자발적으로 발생할 수 있도록 지원해야 합니다. 복잡한 태도일 뿐만 아니라 사전에 설계되기 어려운 찰나의 순간을 멋지게 조정해야 가능해지는 일입니다. 이 찰나의 순간에서 이루어지는 행위는 정지상태의 그것과는 판이하게 다를 가능성이 높습니다.

14. 2. 현재의 교육학은 '가르치다'의 학문입니다

비트겐슈타인에 따르면 '가르치다': '배우다' 관계는 '말하다': '듣다' 관계와 달리 가르치는 사람과 배우는 사람 사이에 공통된 언어규칙이 전제되지 않는 관계입니다. '가르치다': '배우다' 관계는 기본적으로 알고 있(다고 가정되)는 측과 알고 있지 못(하다고 가정)한 측으로의 구분을 전제합니다. 만약 양측이 모두 알고 있다면 둘의 관계는 '말하다': '듣다' 관계이지, '가르치다': '배우다' 관계가 아닙니다.

물론 배우는 사람은 가르치는 사람이 가르치려고 하는 것을 이미 알고 있을 수도 있습니다만 속해 있는 관계의 특수함으로 인해 '지금은 내가 아는 것을 이야기하지만 곧 내가 모르는 내용을 이야기해줄 것이다'라고 생각하며 관계를 유지하게 됩니다. 가르치는 사람을 이와 같이 대하게 되는 '가르치다': '배우다' 관계의 특수함은 라캉Jacques Lacan의 '알고 있다고 가정된 주체'의 관점으로도 이해해볼 수 있습니다.

가르치는 측은 자신이 정확하게 알 수 없는 배우는 측의 상태, 즉 알고 있을지도 모르고, 모르고 있을 수도 있는 특수한 상태를 고려하거나, 무시하거나하는 방법으로 자기 상태를 유지하게 됩니다. 가르치는 측은 배움이 발생하지 않아도 상관없으니 '그냥 가르치겠다'의 태도와 배움이 발생하지 않으면 가르침은 무의미하니, '어떻게든 배움이 발생하도록 가르치겠다'의 태도 사이 어디쯤에 위치하게 됩니다. '가르치다'는 '배우다'에 의존적이어야 하나, 현재의 교육학 교과서는 그러한 의존이 끊어진 상태에서도 '가르치다'는 존재할 수 있다고 전제합니다. 즉 '배움을 발생시키지 않는 가르침도 가르침이다'라고 다룹니다. '배우다'는 탐구 대상으로 다루기 매우 어렵습니다. 뇌과학이 교육학 세계에서도 중요하게 언급되는 이유입니다. 하지만 '배우다'가 발생하지 않는 '가르치다'는 '가르치다'가 아닙니다.

14. 3. '배우다'가 발생하지 않은 '가르치다'를 뭐라고 불러야 할까요?

'가르치다': '배우다'가 구성하는 공간은 폐쇄적입니다. 가르치는 자가 전혀 의도하지 않았던 배움이 배우는 측에서 발생했을 경우, 이 배움을 무엇으로 설명해야 할까요? '가르치다': '배우다'가 구성하는 공간은 아주 쉽게, '가르치다'의 의도에 의해 닫힌 시스템이 됩니다. 가르치면

'무엇이든' 배우게 됩니다. '가르치다'가 주도하는 이 공간에서는 '가르치다'와 관련된 '배우다'만이 그러한 공간 내에서 정당한 의미를 가질 수 있습니다.

'가르치다'를 중심으로 하는 교육학은 배우는 측에서 발생하는 자발적인 '배우다' 특히, '가르치다'의 의도를 벗어났거나 그것과 상관이 없는 '배우다'를 사유대상으로 하지 않는 프레임으로 교육현상을 볼 수밖에 없습니다. '가르치다': '배우다' 관계에서 보면, 현재 상식적으로 이해되는 교육학은 '가르치다' 측에서 구축해온 결과입니다. '가르치다'가 주인인 세계의 타자라고 할만한 '배우다' 측에서 교육학을 구축했다면 무엇이 달라졌을까?

14. 4. (가르치다-배우다 사이를 탐구하는 방법) 물어보면 알 수 있는가?

'가르치다'가 발생시킨 것과 '배우다' 측에서 발생한 것이 동일한 것인지를 알아내는 상식적인 방법은 '물어보는 것'입니다. '물어본다'는 방법에 대해 간단히 정리해보겠습니다.

물리적 세계, 특히 양자물리적 세계에서 관측을 위해 빛(넓은 의미에서의 빛)을 쪼이면 그로 인해 대상입자의 운동이 교란되어 정확한 위치를 알아낼 수 없으며, 교란정도를 줄이기 위해 빛의 강도를 낮추어 관측을 시도하면 관측대상의 정확한 상태를 알아내기 어려워진다는 원리는 하이젠베르크Werner Karl Heisenberg의 불확정성의 원리에 포함됩니다. 이 글에서는 불확정성의 원리를 관측도구가 관측결과에 영향을 미쳐 관측대상을 '확정'할 수 없다는 의미로 사용하겠습니다.

불확정성의 원리는 흔히 양자 규모의 미시세계를 설명하는 원리로 사용되지만 같은 원리를 상식적인 인간 사이의 관계에도 적용해보겠습니다. 즉 관측을 위해 사용된 도구가 관측결과에 영향을 미치는 현상을 우리의 일상생활, 특히 교육학 영역에서 찾아서 잘 보이도록 드러내야 합니다. 교육학에서 매우 일상적으로 벌어지는 활동에서 찾을 수 있습니다. 뭔가 궁금한 것이 있어 상대에게 물어보는 활동이 그것입니다.

물어본다는 행위는, 물어보기 위해 사용한 도구, 즉 질문이 대상자에게 도착하기 이전의 대상자의 상태에 대한 정보를 알아내기 위한 관측방법입니다. 말로 물어보면 흔히 질문이라고 부르고, 글로 물어보면 흔히 시험이라고 부릅니다. 관측대상을 '확정'할 수 없다는 의미에서의 불확정성원리를 적용시켜 보기에는 시험보다는 질문과 답변, 즉 측정행위와 답변행위가 동시적으로 이루어지는 활동인 질문의 상황이 더 적절합니다. 가르치는 사람이 질문하는 상황을 상상해보았으면 합니다. 가령 제가 여러분에게 질문합니다. '가르치면 배울까요?'라고 묻습니다. 혹은 '인공지능은 가르칠 수 있을까요?'라고 묻습니다. 물어보는 행위가 발생하는 순간, 즉 질문이 여러분에게 도착하는 순간, 바로 그 짧은 찰나의 순간에 여러분은 변합니다. 하다못해, '저 양반이 이걸 왜 물어보지?'와 같은 의문이 생기고, 그러한 의문이 질문에 대한 답/여러분의 상태를 변화시킬 가능성을 무시할 수 없게 됩니다.

모든 사람은 누군가가 건드리면 짧은 찰나의 순간에 변화합니다. 물리적으로 건드리거나 정신적으로 건드리거나 모두 같습니다. 학생의 상태가 궁금해서 질문하건, 가르친 걸 잘 배웠는지 알아내기 위해 질문하건 학생은 질문이 도착하는 그 찰나의 순간에 변하여, 질문의 본연의 목적, 즉 질문이 학습자에 도착하기 직전 순간에 대한 정보를 확보한다는 목적에 충실할 수 없게 됩니다.

'가르치다'와 '배우다' 관계는 통계적으로 상관이 있는 관계입니다
우리는 흔히, '가르치다'와 '배우다'를 원인과 결과의 관계, 즉 인과론이 작동하는 관계로 다룹니다. 하지만 앞서 설명한 것처럼 둘의 관계를 인과관계로 이해하기는 어렵습니다. 그렇다면 이 관계는 무엇일까요? 제가 보기에는 '통계적으로 상관이 있는 관계'입니다. 상관이 높을 수도 또 낮을 수도 있는 그런 관계입니다.

15. 가르치는 인공지능은 소크라테스적일까요?

15. 1. 왜 그 아름답고 풍요로운 시대에 비극으로 각색된 작품이 그렇게도 인기를 누렸을까?

19세기말, 철학자 니체^{Friedrich Wilhelm Nietzsche}는 이성의 기원을 탐구합니다. 이성의 힘으로 세계를 움직이는 원리를 탐구하던 과학혁명과 인간의 힘으로 만들어낸 동력원과 기계장치로 자연을 통제하며 생산력을 극대화시킨 산업혁명이 구체적 결과물을 만들어내고, 우주와 미시세계의 원리들이 밝혀지고, 인류문명이 앞으로 꾸준히 진보하리라는 확신이 확산되던 시대에 이성(과학적 방법) 자체를 탐구합니다. 이성의 기원을 탐구한 니체의 관점을 참고하면 과학적 방법의 끝판왕이 될 가능성 혹은 하이데거^{Martin Heidegger} 관점으로는 형이상학의 완성이라고 할 수 있는 인공지능(정확히는 알고리즘)에 대해 새로운 관점으로 생각해볼 기회가 될

수 있다고 생각합니다. 질문은 이렇습니다. 만약!!! 이성의 방법(과학적 방법)에 문제/한계가 있다면, 그것을 어떻게 다룰 수 있을까?

니체가 이성의 기원을 찾기 위해 시간축에 따라 '뒷걸음하며' 탐구한 고대그리스시대에는 그와 유사한 문제, 즉 신의 원리와 인간의 합리적 판단이 충돌한다면 또는 공동체의 원리와 개인의 합리적 판단이 충돌하는 문제를 '비극이라는 예술의 방법'으로 다룹니다. 그리고 니체는 '이와 같은 문제를 다루는 예술로서의 비극이 소크라테스에 의해 파괴되었다'고 설명합니다.

이성의 기원을 탐구하기 위해 니체가 선택한 세계는 기원전 500년경입니다. 니체는 현재에 시선을 고정시킨 뒤 시간축에 따라 뒷걸음을 한 것입니다.

기원전 500년 즈음은 그리스문명의 황금기로, 인류역사상 가장 부러움의 대상이 되는 인류문명의 황금기이기도 합니다. 여전히 현재의 우리 눈에도 아름다움과 위대함의 극치를 이룬 문명과 작품을 만들어냈던 시기입니다. 니체가 집중한 것은 당시의 '비극'작품입니다. 그리스 3대 비극작가로 불리는 소포클레스의 『오이디푸스 왕』, 『엘렉트라』, 『안티고네』와 아이스킬로스의 『결박된 프로메테우스』, 에우리피데스의 『메데이아』, 『이피게네이아』 등이 그것입니다. 지금도 꾸준히 읽히고, 공연되는 작품들입니다. 이 작품들은 당시 오랫동안 전승되어온 호메로스의 『일리아스』에 나오는 신화 속 이야기들을 비극으로 '각색'한 작품들입니다. 가령 인간에게 불을 가져다 준 프로메테우스는 호메로스의 『일리아스』에서는 제우스와의 오해를 풀고 신들의 세계로 돌아가지만 그것을 각색한 아이스킬로스(『결박된 프로메테우스』)는 신들이 정한 규칙을 지키지 않고 자기 스스로 합리적이라고 판단하고 의사를 결정한 프로메테우스를 제우스의 벼락으로 죽입니다.

니체의 질문은 이렇습니다. 왜 그 아름답고 풍요로운 시대에 비극으로 각색된 작품이 그렇게도 인기를 누렸을까? 간단히 결론부터 이야기하면, '신들이 정한 규칙을 무턱대고 맹목적으로 그대로 따르지 말고, 우리가 한번 생각해봅시다. 이게 타당한 이야기인지를.' 이런 관점이 광범위하게 유통되고 확산된 시기라는 것입니다. 가령 『안티고네』의 주인공 안티고네는 나라의 국법을 어기고 죽은 오빠 시신을 '야생동물이 뜯어먹도록 그냥 벌판에 내버려두라. 아무도 시체에 손대어서는 안 된다'는 왕의 명령에 '신들이 우리에게 준 천륜에 따라 나는 오빠의 장례를 치러주어야 합니다'라고 말하고 오빠 장례를 치른 뒤, 국법을 어겼다는 이유로 왕에게 사형선고를 받습니다. 신이 만들어놓은 원칙과 인간 공동체가 만든 원칙이 상충하는 상황을 드러내고 그것을 비극으로 마무리합니다. 신들이 정한 원칙, 인륜 또는 천륜을 따른 안티고네는 자살하고, 안티고네를 사랑했던 왕자는 안티고네의 죽음에 놀라 자살하고, 아들의 죽음에 놀란 왕비도 자살하고, 국법, 즉 인간 공동체의 규칙을 지키려 했던 왕은 절규합니다.

15. 2. 도대체 가장 훌륭하고 가장 강력하고 가장 용맹한 시절을 산 그리스인들에게 비극적 신화는 무엇을 의미했을까요?

니체가 이와 같은 방식으로 이성의 근원을 탐구하던 19세기말은 세계 속에 숨어 있던 원리를 이성의 힘으로 탐구하는 과학혁명의 결과가 구체적으로 드러나고, 이성의 힘으로 만들어낸 결과물이 산업혁명을 통해 인류 보의 동력원이 되던 시기입니다. 그러한 과학적 방법의 토대인 이성의 근원을 탐구했던 것입니다.

1872년, 당시 28살의 니체는 '도대체 가장 훌륭하고 가장 강력하고 가장 용맹한 시절을 산 그리스인들에게 비극적 신화는 무엇을 의미했던가?'라는 질문에 대한 당시의 생각을 정리해 『비극의 탄생』을 출간합니다. 신화는 왜 비극으로 재설계되었고, 비극으로 설계된 이야기가 오랫동안 흥행했고, 왜 예술형식으로 이 문제를 다루었을까요? 그 아름다운 시대에 말입니다. 스토리라인, 즉 이야기의 설정(비극)과 결과물의 형식(예술)의 관점에서 살펴볼 수 있습니다.

예술의 형식을 이용한 이유는, '이성(과학적 방법) 문제는 이성(과학적 방법)으로 다룰 수 없기 때문'입니다. 이과 같은 관점은 현재에도 유의미합니다. 20세기 초에 철학자 비트겐슈타인의 글을 빌려 다시 써보면 '말할 수 없는 것은 침묵해야(말로 하지 말아야) 한다'입니다. 우리 시대로 돌아와 성철스님 말을 빌려 다시 써보면 '산은 산이요. 물은 물'이라고 말할 수밖에 없는 사정이 있는 것입니다.

문제건 깨달음이건 우리 생각이 말/글에 의존한다면 우리 생각의 문제를 말/글로 다룰 수는 없습니다. 우리 '이성에 만약 문제가 있다면 문제를 이성의 방법으로 다룰 수는 없습니다.' 깨달음을 말/글로 전달한다고 해서 깨달음이 전달되지 않을 테니 말입니다.

만약 이성적인 방법의 끝판왕에 해당하는 인공지능, 정확히는 기계적 절차에 따라 작동하는 알고리즘에게 본질적 문제/한계가 있다면 이 문제/한계를 이성(과학의 방법)의 방법으로는 다룰 수 없을 것입니다. 가령 계산능력을 중심으로(하나의 중심이라는 의미가 아니라 여러 중심 중에 하나라는 의미로) 하는 이성의 방법을 비판적으로 다루기 위해서는 이성이외의 방법이 필요합니다. 말하자면, 교사 역할로 강조하는 '학생과 눈을 맞추는 정서적인 방법'도 그중 하나라고 생각합니다.

니체의 해석을 요약해보면 이렇습니다.

가장 풍요로웠을 시대의 아테네에서,
'신이 만들어놓은 원칙으로 동작하는 세계'에 인간의 '이성적인 활동'을 끼워 넣으려는 시대에,
'신과 인간' 사이에서 확인되는 경계를 단지 인간의 언어로 기술하지 않고, 그 사이 경계에 우리 생각을 위치시키려는 노력이 당시의 '비극'이었고 서정시였다는 것입니다.

그리고 '그와 같은 사정'이 있는 비극을 소크라테스가 파괴했다고 적습니다. 즉 신과 인간 사이 경계에 놓여 있던 작품을 경계에서 꺼내어 인간의 언어와 논리 속(우리는 모든 문제를 이해할 수 있다. 그리고 이해에 기초해 의사결정해야 한다. 모든 문제를 그렇게 다룰 수 있다)에 위치시켰다는 것입니다. 그는 『비극의 탄생』에서 소크라테스를 이론적 인간의 전형으로 적습니다.

소크라테스로 인해 인간의 삶은
알고 있다/없다의 문제로,
이론/학문/과학문제로 바뀌었고

그로 인해서 시작된,

이성과 이성적 방법에 의한 세계탐구를 강조하는 논리주의, 과학주의가 삶을 부정하고 파괴했다.

이 관점에 대한 동의여부와 별개로 만약 그러한 관점에 일부라도 타당성이 있다면 우리에게는 논리주의/과학주의 등과는 다른 방법이 필요합니다.

새로운 단어도 필요합니다. 가령 이론/학문/과학이라는 용어와 관련해 번역이 난처한 단어가 있습니다. 독일어 *Wissenschaft*입니다. 영어로는 흔히 Science로 번역되는 단어입니다. *Wissenschaft*는 흔히 Science로 영역되지만 우리는 흔히 '학문'으로 번역합니다. 가령 현상학이라는 학문의 시작점이자 토대인 후설의 주저 중 하나인 *Die Krisis der Europäischen Wissenschaften*라는 제목의 책은 『서양 과학의 위기』라고 번역할 수도 있지만 우리는 『서양 학문의 위기』로 번역해 사용합니다. 그때 '과학'은 '자연과학'과 '인문사회과학'으로 분리되기 이전의 '과학'을 의미합니다. 후설은 세계 속에 숨어 있는 비밀을 과학이 드러낼 수 있다는 확신이 확산되던 19세기 말, 과학의 성과물로 이루어진 산업혁명이 세계를 구체적으로 변화시키던 당시의 과학이 무엇을 전제로 하고 있는지 그것의 기초에 대해 질문하고, 유럽의 위기에 과학(주의)이 있음을 드러냅니다. 가령 자연세계가 어떻게 수학화되었는지, 어떻게 객관주의화되었는지, 어떻게 과학이 생활세계와 분리되었는지를 분석하고 확인합니다. *Wissenschaft*는 우리가 '과학'이라는 단어를 사용해 설명하는 세계와 '학문'이라는 단어를 사용해 설명하는 세계 사이 어디쯤에 위치하는 단어지만 우리는 '학문'으로 번역합니다. 그 결과 후설의 『서양 학문의 위기』라는 책을 집어 드는 (자연)과학자 숫자는 충분히 많이 줄어들었을 테고, 그러한 과정에서 과학 그 자체를 탐구대상으로 다루는 과학자 숫자 역시 줄어들었을 것입니다. 우리에게는 '과학'과 '학문'이라는 단어를 포괄하는 새로운 단어가 필요합니다. 새로운 단어를 적절한 위치에 배치시켜야 합니다.

우리에게는 새로운 단어뿐만 아니라 새로운 방법도 필요합니다. 니체가 '이성'(학문, 과학) 문제를 '예술'의 방법(『차라투스트라는 이렇게 말했다』)으로 다루고, 비트겐슈타인이 말의 문제를 '침묵'의 방법(말할 수 없는 것에 대해서는 침묵해야 한다)으로 다루고, 성철스님이 깨달음의 문제를 '선문답'의 방법(산은 산이요 물은 물이다)으로 다루려고 했듯이 말입니다.

15. 3. 『비극의 탄생』 — '황당하다 싶을 정도로 이곳에서는 오랫동안 교양인하면 학자를 떠올렸다'

니체가 『비극의 탄생』에 기록한 글을 길지만 인용해보겠습니다.

변함없이 영원한 현상이다. 탐욕적 의지는 세상에 가상을 퍼뜨려 자신의 피조물들을 삶에 붙잡아 두고 계속 살아가도록 만들기 위한 수단을 늘 찾고 있다. 어떤 사람은 인식을 통해 삶의 영원한 상처를 치료하리라는 광기, 즉 인식을 향한 소크라테스적 기쁨에 붙잡혀 있으며, 어떤 사람은 예술이라는 눈앞에 아른거리는 유혹적 아름다움의 너울에 붙잡혀 있으며, 또 어떤 사람은 현상의 소용돌이 아래 영원한 삶은 파괴되지 않고 계속해서 흐른다는 형이상학적 위안에 붙잡혀 있다. 세 가지 가상 이외에도 의지는 매 순간 보다

저급하거나 아니면 훨씬 강력한 여러 가상을 준비하고 있지만 이들은 접어두자. 열거한 세 가지 가상은 고귀한 본성을 가진 이들에게만 작동하는바 그들은 삶의 무게와 고통에서 남보다 깊은 염증을 느끼며 엄선된 자극제를 통해 그런 염증에서 벗어날 수 있다. 자극제들은 우리가 문화라고 부르는 것들을 구성하며, 혼합 비율에 따라 다른 요소보다 그것이 좀 더 강하다는 의미에서 소크라테스적 문명 혹은 예술적 문명 혹은 비극적 문명이 나타난다. 만약 역사적 실례를 들어 말한다면 알렉산드리아적 문명 혹은 희랍적 문명 혹은 불교적 문명이 있다.

우리 근대세계는 알렉산드리아적 문명의 그물망에 걸려 있으며 최고의 지적 능력으로 무장해 학문에 복무하는 이론적 인간을 이상형으로 간주한다. 그 원형이자 원조는 소크라테스다. 우리가 오늘날 채택하는 모든 교육수단은 근본적으로 이런 이상형을 지향하며 그 밖의 다른 인간형은 그저 걸림돌이 되지 않는 선에서 허락될 뿐 목적이 아니다. 황당하다 싶을 정도로 이곳에서는 오랫동안 교양인하면 학자를 떠올렸다(니체, 『비극의 탄생』, 열린책들, 18장, 218~219페이지).

만약 우리 이성(이성에 기초한 방법)에 문제/한계가 있다면 그것을 이성의 방법으로는 다룰 수 없습니다.

소크라테스가 보여준 고급스러운 문답형식에 이르지 못하는 우리의 방법, 즉 수학과 과학의 지식을 전달하려는 방법, 단어와 문법을 중심으로 구성된 언어교육방법, 4개 중에 숨어 있는 하나의 정답을 고르는 시험 방법으로 '그러한 사정(이성에 만약 문제가 있다면 이성의 방법으로 문제를 다룰 수는 없는 사정)'을 다룰 수 있는 인간을 기를 수 있을까요?라는 질문이 반드시 제기되어야 합니다만 이 문제는 차차 논의하기로 하고 문제상황을 좁히겠습니다.

수학적/과학적, 순차적이고 기계적이고 통계적인 규칙에 의해 만들어지는, 과학주의의 극단에 해당되는, 알고리즘으로 동작하는 인공지능이 '이와 같은 사정'을 다룰 수 있을까요?

이것이 당연히 제기되어야 하는 질문이 될 것입니다. 하지만 더 중요하고 심각한 질문은 따로 있습니다.

인간이 할 수 없는 것을 할 수 있을, 새로운 가능성이 있는 인공지능은 이와 같은 사정을 어떻게 다루게 될까요?

그것이, 즉 인공지능이 스스로 '인간 이성에는 한계가 있으니, 그러한 한계에 걸쳐 있는 문제는 (내가 직접) 이러이러하게 판단하겠다'와 같은 방법으로 다루지는 않을까요?

다시 프로메테우스신화로 돌아가 보겠습니다.

그리스 신화 속의 프로메테우스는 올림포스 최고신인 제우스의 권위와 지성, 인간사회의 혼란을 정리정돈하려는 신의 역할, 위기에 놓인 인간을 도우려는 또 다른 존재, 절대권력인 제우스신에 대한 도전의 부질없음, 그리고 또 다른 영웅에 의한 구출과 화해로 흔히 읽힙니다. 그러한 신화를 아이스킬로스(『결박된 프로메테우스』)는 비극으로 재해석하고 재설계합니다. 신과 인간 사이에 존재하는 것들을 '비극 (역설로서의 스토리라인과 예술로서의 형식)'이라는 방법으로 드러내는 것입니다. 그리고 앞으로 인간이 내려야 할 의사결정과 책임이 무한함을 드러내 인간을 위로합니다. 빠져들어 도취시키는 디오니소스적 방법으로 '우리는 한팀'임을 확인시킵니다.

그리고 니체는 이를 소크라테스의 과학주의와 낙관주의(이해할 수 있다. 이해한 상태에서 의사결정해야 한다. 우리는 그렇게 할 수 있다)가 그러한 사정(인간의 언어로 다룰 수 없는, 신과 인간 사이의 존재를 다루어야 하는 사정)이 있는 비극(역설로서의 스토리라인과 예술로서의 형식)을 파괴했다고 해석합니다. 가령 관객이 전체 맥락을 '이해'할 수 있도록 연극의 시작부분에 위치하는 프롤로그에서 캐릭터들의 저간의 사정을 관객에게 들려주며, 관객이 '이해할 수 있도록', '상황 자체를 이해한 뒤 판단할 수 있도록' 극형식을 변경합니다. 관객이 이해에 기초해 맥락을 파악하게 하려는 이와 같은 방법을 상황에 도취되어 빠져는 디오니소스적 방법은 파괴합니다. 결국 (관객이) 이해한 뒤 판단하고 의사결정하는 소크라테스의 방법이 근대에까지 이르렀다고 해석합니다.

이성에 관한 물음을 이성의 토대 위에서 밝힐 수는 없으니 말입니다. 니체는 28세에 『비극의 탄생』을 출간하고 16년이 지난 42세에 「자기비판을 시도함」이라는 서문을 추가해 『비극의 탄생』 개정판을 출간합니다. 그 사이 39~41세에 『차라투스트라는 이렇게 말했다』를 출간합니다. 16년이 지난 뒤, 28세 시절의 질문과 그에 대한 응답으로서의 『차라투스트라는 이렇게 말했다』가 출간되었음을 다음과 같이 적습니다. 서문 「자기비판을 시도함」에 적은 자기 작품에 대한 의견을 좀 길지만 인용해

보겠습니다.

당시 내가 알게 된 것은 두렵고도 무서운 문제, 황소는 아니로되 아무튼 뿔이 달린 문제, 여하튼 새로운 문제였다. 요즘이라면 아마 학문, 최근 들어 문제 많고 의문투성이로 여겨지게 된 학문에 관한 문제라고 말했을 것이다. 그리하여 어린 청년이 감당하기에 너무나도 벅찬 과제로부터 젊음의 무모와 치기를 한껏 쏟아 부은 책, 전혀 불가능한 책이 생겨났다. 이 책은 섣부르고 미숙한 체험, 남들에게 전달할 수 없는 전적으로 개인적 체험에 기초해 예술이라는 토대 위에 세워졌다. 학문에 관한 물음을 학문의 토대 위에서 밝힐 수는 없으니 말이다. 어쩌면 이 책은 분석적이고 회고적인 능력을 함께 갖춘 예술가를 위한 것으로 심리학적으로 새로운 내용과 예술가의 비밀로 가득 차 있으며, 배경에는 예술가 형이상학을 담은 무모와 우수가 가득한 청년작으로 권위와 존경의 대상 앞에서 고개를 숙여야 할 듯 보이는 곳에서조차 여전히 스스로 대견한 듯 자세하며, 모든 나쁜 의미의 첫 작품으로서 노학자나 다룰 법한 문제를 논하면서 젊은이의 과오를 범하고 있으니, 한마디로 '지나치게 장황하고' '질풍노도' 같다(니체, 『비극의 탄생』, 열린책들, 17~18페이지).

이 글에서 '학문'으로 번역된 단어의 원문은 *Wissenschaft*입니다. 즉, '학문'과 '과학' 사이의 어디쯤에 있는 존재를 의미하는 단어입니다. 위 문장에 사용된 '학문'을 '과학'으로 읽어도 됩니다.

15. 4. 우리가 경험하는 모든 현상과 세계를 '이해'대상으로 다룰 수 있을

까요?

세계를 *Wissenschaft*(학문∪과학)의 대상으로 다룰 때 발생하는 문제에 대해 생각해보자는 것입니다.

이제 이와 같은 관점을 우리의 탐구 대상인 인공지능으로 옮겨놓겠습니다. 호메로스와 아이스킬로스, 소크라테스 시대로부터 2,500년이 지났고, 니체시대로부터 150년의 시간이 지났습니다. 우리는 우리 세계를 '이해/과학/학문'의 대상으로 다루면 될까요? 인공지능이 '이와 같은 사정'을 다룰 수 있을까요?가 당연하게도 제기되는 질문이 될 것입니다. 하지만 이 질문을 바꾸어 인공지능을 강조해보면 인간이 할 수 없는 것을 할 수 있을 가능성이 있는 인공지능은 '이와 같은 사정'을 어떻게 다루게 될까요?

니체는 '이해/과학/학문'의 대상이 될 수 없는 디오니소스적 거인을, 『비극의 탄생』을 출간하고 16년이 지난 뒤 「자기비판을 시도함」이란 제목을 단 「서문」에서 다시 호출합니다. 차라투스트라, 즉 초인 Übermensch이 그것입니다. 니체는 '이해/과학/학문'의 대상으로 다루기 어려운 저 거인의 언어로 '보다 높은' 인간에 대해 말합니다.

"나의 형제들이여, 가슴을 펼쳐라! 활짝, 더 활짝! 그리고 다리도 잊지 마라! 너희들, 훌륭한 무용수들이여, 다리를 들어 올려라! 그리고 그보다 더 좋은 것은, 너희들이 물구나무를 서는 것이다.

웃는 자의 왕관, 장미로 엮은 화관, 나는 스스로 왕관을 내 머리에 얹었다. 나는 스스로 나의 웃음에 신성을 부여했다. 나는 이렇게 할 수 있을 만큼 강한 자를 달리 찾을 수 없었기에.

무용수 차라투스트라, 차라투스트라는 날개짓 하는 가벼운 자, 모든 새들에게 신호하며 도약의 준비를 마친 자, 유복하게 마음이 경쾌한 자.

예언자 차라투스트라, 차라투스트라는 진정 웃는 자, 전혀 성급하지 않은 자, 무조건이지 않은 자, 도약과 탈선을 좋아하는 자. 나는 스스로 왕관을 내 머리에 얹었다.

웃는 자의 왕관, 장미로 엮은 화관, 나의 형제들이여. 너희에게 이 왕관을 던진다. 웃음을 나는 신성하다 말했다. 너희, 보다 높은 인간들이여, 나로써 웃음을 배우라!

『차라투스트라는 이렇게 말했다』, 4부(「보다 높은 인간에 대하여」), 87페이지(『비극의 탄생』, 열린책들, 32~33페이지에서 재인용).

차라투스트라의 말이 '이해'되십니까? 여러분들은 어떨지 모르겠습니다만, 저는 '이해'되지 않습니다.

인공지능이 이성의 한계에 대응해 만약 어떤 결정을 하게 된다면 그러한 방법이 우리의 '이해' 대상이 될 수 있을까요? 니체의 방법(차라투스트라)이나 고대그리스인들의 방법(예술작품으로서의 비극) 혹은 성철스님의 방법(선문답)과 같은 '이해방법' 이외의 방법이 필요합니다. 우리나라에서도 학교수업프로그램으로 점점 늘어나고 있는 '연극'이라는 방법이 이 문제를 풀 단초가 될 수 있다고 생각합니다.

7

교육장치의 디지털전환

16. 교육장치의 디지털전환이 필요할까요?

16. 1. 왜 디지털전환해야 하는가?

다양한 위치에 오랫동안 배치되어 있던 교육장치(가령 종이로 만들어진 책)이 디지털전환되고 있습니다. 수학기호체계 일부도 디지털전환되고 있습니다. 알지오매스^{AlgeoMath}가 대표적 사례일 수 있습니다. 교과서에서 다루던 데이터 역시 '실시간데이터'라는 이름으로 디지털전환되고 있습니다. Tinkable Kit & Net[1]이 예가 될 수 있습니다. 학생들의 대화상대 역시 디지털전환되고 있습니다. 영어수업에 적용하기 위해 개발이 진

---

[1] 필자와 필자의 동료가 제작하고 있는 교육장치입니다. 생활환경 속에서 실시간데이터를 측정/수집/저장/공유할 수 있는 DIY IoT Sensor Kit입니다. 학생들이 조립해 원하는 위치에 배치하면 그곳에서 데이터를 측정해 플랫폼형태의 서버에 저장해주는 장치입니다.

행 중인 대화형인공지능이 예가 될 수 있습니다. 물론 오프라인에만 배치되었던 '교실'이 온라인에도 배치되고 있는 점에서 원격수업도 교실의 디지털전환의 예라고 할 수 있습니다.

교육장치의 디지털전환에서 늘 제기되는 그리고 제기되어야 하는 질문은 '왜 교육장치들이 디지털전환되어야 하는가?'입니다. 다수의 교육부와 교육청과 같은 교육정책 실행기관이 '교육장치의 디지털전환 프로젝트'에 참여하며, 그러한 과정에 참여하고 있는 젊은 교육정책 추진 주체들이 이 질문을 제기해왔습니다. '수학기호체계의 디지털전환'을 사례로 이 질문을 살펴보겠습니다.

왜 수학기호와 기호들의 체계를 디지털방법으로 구현해야 하고, 학생들은 왜 수학기호체계를 디지털방법으로 사용해야 할까요? 2017년부터 기획되어 현재 서비스가 진행되는 알지오매스를 기획하는 과정[2]에서 다루었던 질문들은 다음과 같습니다.

> 수학기호체계(도형과 대수식)를 종이위에서 다루지 않고 디지털환경에서 다루는 것의 교육학적 의미(차이)는 무엇인가?
> 수학기호체계를 2D 평면에서 다루는 것과 3D 평면에서 다루는 것의 차이, 그 차이의 교육학적 의미는 무엇인가?
> 수학기호체계를 종이에 연필로 다루는 방법이 아니라 코드에 넣어 '실행'시키는 활동의 교육학적 의미는 무엇인가?

---

[2] 필자는 2017년부터 알지오매스프로젝트에 참여해 초기기획을 했고, 1년 후 초기 버전이 나올 때까지 개발과정에 참여했습니다.

이 질문들에 앞서 좀 더 본질적인 질문은 다음과 같습니다.

16. 2. 수학을 배우면 무엇이 변할까?

이 질문을 조금 길게 적어보면, '지금 내가 하고 있는 생각(의 방법) 중 만약 수학을 배우지 않았다면 할 수 없던 생각의 방법([생각(의 방법) a]라고 불러보겠습니다)은 무엇인가?' 이 질문의 답으로 찾은 [생각(의 방법) a]가 수학공부를 고유한 원인으로 형성되고 내면화된 것이라면 그리고 동시에 [생각(의 방법) a]가 내 삶에 큰 도움이 되고 필수적인 것이라는 사실을 확인할 수 있다면 우리는 반드시 수학을 배워야 하고 다른 사람들에게도 반드시 수학을 배워야 한다고 주장할 수 있기 때문입니다. 수학공부를 하면서 동시에 수학기호 그리고 그것들 사이의 체계를 디지털방법으로 다루면서 제가 스스로 경험한[3] [생각(의 방법) a]의 사례를 소개해 보겠습니다. 먼저 '특이점그래프'입니다.

16. 3. 수학을 배우면 차원을 낮춰 생각하는 방법을 얻을 수 있을까?

인공지능기술의 위험성에 대한 인식 그리고 그와 관련된 담론이 확산되기 시작했습니다. 이 담론의 초기에 이 담론의 핵심에 자리 잡은 대표적인 수학기호(기호 역시 장치입니다)는 '기술적 특이점'이 표시되는 2차원 직교좌표계에 그려진 2개의 교차하는 그래프(이하 '특이점그래프')입

---

[3] 알지오매스프로젝트에 참여한 2017년 이후 현재까지 수학공부를 하고 있습니다. 그러한 과정에서 수학공부를 하지 않았던 시기(고등학교 졸업이후 수학공부를 하지 않았습니다)와 수학공부를 하면서 저에게서 발생한 '차이', 그런 의미에서의 '경계'를 경험하고 있는 중입니다.

니다. 인공지능이 인간의 능력을 넘어설 가능성을 강조하는 특이점그래프는 인간의 능력이 자라는 모양을 2차원 직교좌표계에 직선으로 표시하고, 같은 좌표계에 인공지능의 능력이 자라는 모양을 지수곡선으로 표시한 뒤, 두 그래프의 교점에 특이점이라는 이름을 붙여 인공지능의 위험성을 강조하는 수학기호입니다. 인공지능의 능력의 변화가 지수곡선으로 그려지는 이유는 '인공지능이 인공지능을 개선해 만들 수 있다' 거나 '인공지능의 능력이 인공지능에 의해 자라날 수 있다'는 사실을 전제하기 때문입니다.

인공지능의 특이점그래프에 앞서 홍행했던 특이점그래프는 맬서스의 특이점그래프입니다. 지구상에서 생산되는 식량자원의 증가는 직선으로, 식량자원을 소비하는 인간(의 개체수)의 증가는 지수곡선으로 그린 뒤 두 선의 교차점을 지나게 되면 인간사회가 식량부족으로 붕괴할 것이라는 경고를 담은 수학기호입니다.

직선과 지수곡선을 직교평면좌표계에서 교차시키는 '특이점그래프'는 교점, 즉 특이점을 지나 직선으로 표시되는 인간의 삶(의 변화)이 지수곡선으로 표시되는 '변화'에 대응하지 못하게 될 경우 시스템 전체가 붕괴하고 복원되지 못하리라는 경고를 상징적으로 표상하는 수학기호입니다. '특이점그래프'를 이용하는 사람들은 '얼마 남지 않았다' 거나, '특이점에 도달할 가능성을 늘 주목하고 있어야 하고, 그 점을 넘어서지 않도록 대책을 마련해야 한다'는 점을 강조합니다.

16. 4. 이 특이점을 우리는 인식할 수 있을까요?

특이점의 인식 가능성은 '우리가 지수곡선 위의 점이라면, 특이점을 인식할 수 있는가?'의 질문(의 방법)으로 다루어볼 수 있습니다. 만약 우리가 지수곡선 위의 점이라면 우리는, 곡선 위의 어디쯤에 우리가 있는지, 위치를 인식할 수 없습니다. 이와 같은 생각의 방법을 '차원을 낮춰 생각하는 방법'으로 불러보겠습니다. 낮은 차원의 존재는 그 위 차원의 세계를 볼 수 없습니다. 우리의 위치가 만약 지수곡선 위의 점이라면, 특이점그래프의 평면에서 벗어나 위쪽(3차원)에서 내려다봐야 볼 수 있는 특이점을 우리는 인식할 수 없습니다. 그리고 인공지능이 구석구석의 영역에서 자기 기능을 하기 시작한 이 세계에서 우리 위치는 지수곡선 위의 점일 가능성이 없지 않습니다.

'우리가 지수곡선 위의 점이라면 특이점을 인식할 수 있는가?'에 해당되는 '차원을 낮춰 생각하는 방법'의 힘은 이 '특이점그래프'를 이용해 경고 메시지를 전달하려는 사람과의 대화에서 확인할 수 있습니다. 즉 '차원을 바꾸어 생각하는 방법'을 사용하지 않는 생각(의 방법)을 확인할 수 있습니다. 그렇다면 '차원을 높여 생각하는 방법'도 가능할까요?

16. 5. 차원을 높여 생각하는 방법

차원을 낮추는 생각 방법 이외에 차원을 높이는 생각 방법 역시 중요합니다.

앞선 장에서 다룬 '가르치면 배울까요?', 이 질문은 넓은 의미의 교육학의 범위 안에 들어오는 모든 강의에서 제가 학생들에게 전달해온 질문입니다. 이 질문을 처음 접하는 학생들은 대부분 '당연한 거 아닌가?'로 시작했다가, '인과관계가 아닌 것 같다'를 지나, '통계적으로 상관이 있는 관계'에서 멈추거나, '아무 상관도 없는 관계'까지 진행합니다. 가르친다고 늘 배움이 발생하지는 않는다거나, 가르치다 없이 배우다가 발생하기도 하는 현상이 우리의 상식적 경험이라고 사실을 인식하게 됩니다. 그러한 위치가 '교육학'을 탐구대상으로 다루는 시작점이 됩니다. 학생들을 데려가 그러한 위치에서 교육학공부를 시작하게 하는, 방법으로서의 물음으로 사용할 수 있습니다. '가르치는 인공지능은 가능한가?'의 물음 역시 같은 의도를 갖고 사용하는 질문입니다.

학생의 일부는 '통계적으로 상관이 있는 관계'에 멈춰섭니다. 그러한 위치에 멈춘 학생들은 흔히 둘 사이의 상관계수의 크기와 계수가 음의 값인지 아니면 양의 값인지를 궁리하고 상관계수를 음이 아니라 양으로 만들고 계수의 크기를 키우는 방법이 '교육학의 방법'이라고 해석하고는 합니다. 간혹 둘 간의 관계를 벤다이어그램으로 그린 뒤, 교집합과 합집합, 그리고 여집합 개념을 자기주장의 근거로, 자기 생각을 설명하는 도구로 사용하기도 합니다.

제가 벤다이어그램으로 가르치다-배우다 관계를 설명하는 학생에게 제안하는 생각(의 방법)은 다음과 같습니다.

벤다이어그램에 차원을 하나 더 추가해 3차원공간을 만드시고, 가르치다-배우다 역시 2차원의 원이 아니라 3차원 구로 상상해 보시라. 물론 3차원공간에 서로 다른 두 개의 평면 위에 그려진 원을 상상해도 된다.

3차원공간에 그려진 3차원벤다이어그램을 구성한 뒤 학생들이 발견하는 사실은 둘의 관계는 '어떻게 보면(가령 위에서 보면) 겹쳐 있는 관계(교집합이 있는 관계)로 보이지만 다른 각도로 보면(가령 옆에서 보면) 겹쳐 있지 않은 관계'일 수도 있다는 사실입니다. 2차원 기호체계에서는 확인되지 않는 현상이 차원을 추가할 경우 확인됩니다. 실체는 하나이지만 보는 위치에 따라 다르게 보인다는 사실을 확인하는 것입니다.

3차원 벤다이어그램이 학생들의 논의 테이블 위에 등장한 뒤부터 학생들은 새로운 이야기를 시작합니다. 가르치다-배우다의 실체(두 개의 구)는 교집합이 있을 수도 있고 없을 수도 있지만 보는 사람의 관점/위치에 따라 교집합이 있는 상태로도 보이고, 없는 상태로도 보인다는 사실을 확인하는 것입니다. 종이라는 2차원평면 위에 그려진 벤다이어그램이라는 수학기호가 만들어내는 착시(교집합이 있다/없다)가 확인되고 그러한 착시를 해소할 새로운 방법(3차원공간 속에 벤다이어그램을 그리고 조작하는 방법)을 궁리할 수 있게 됩니다.

'차원을 높여(혹은 낮추어) 생각하는 방법'은 수학기호체계가 만들어내는 착시 자체를 탐구대상으로 하거나 착시를 배제할 수 있는 새로운 형식의 수학기호체계를 탐구할 수 있는 가능성을 열어줍니다. 세계를 수학기호와 기호들의 체계로 추상화시켰을 때 어떤 착시가 발생할 수 있는지를 생각의 대상, 탐구대상으로 다룰 수 있게 해준다는 의미에서 수학기호체계의 디지털전환은 교육학적 가치가 큽니다. 그리고 이 과정을 통해 '수학기호체계 자체'를 수학교육의 대상으로 다룰 수 있는 교육학적 가능성을 확인하고, 미래에 교사가 될 그들과 이야기를 이어나갈 수 있습니다.

가르치다-배우다의 관계를 '차원을 높여 생각하는 방법'으로 다루는 이 방법은 교육학수업에서 또 다른 가능성을 열어줍니다. '(교과)교육학강의'의 특성을 살려 흔히 2차원평면 위에 정보를 새겨야 하는 종이매체의 한계(착시의 발생)와 3차원 이상으로 정보를 표상할 수 있는 디지털방법의 의미(착시의 확인)에 대해 이야기하고, 수학기호체계를 디지털방법으로 표상할 때 확보할 수 있는 새로운 가능성(착시를 해소하거나 착시 그 자체를 탐구대상으로 다룰 수 있는 가능성)에 대해 이야기할 수 있게 됩니다. 그리고 '교육장치의 디지털전환이 왜 필요한지'를 탐구하는 것입니다.

결론을 이야기해보자면, 교육장치는 디지털전환되어야 합니다. 물리적 공간과 종이라는 매체에 매여 있어야 할 아무런 이유도 없습니다. 저 너머 존재할 가능성이 있는 다른 기회를 찾아야 합니다. 우리가 교육장치에 대해 '알고 있는 것과 알고 있지 않은 것 사이의 경계'를 적극적으로 탐구해야 합니다. 이 예에 한정해본다면 종이 위에는 3차원공간을 표상할 수 없습니다. 3차원공간 속에서 탐구대상을 수월하게 조작해볼 수 있는 새로운 교육장치가 필요합니다.

차원을 높여 생각하는 방법으로 확인할 수 있는 착시는, 앞서 다룬 특이점그래프 사례에서도 확인가능합니다. 흔히 2차원평면에 그려지는 특이점그래프를 3차원으로 다시 그리는 것입니다. 수월하게 3차원공간에 그래프를 그릴 수 있는 디지털 도구가 없을 경우에는 상상해보는 방법으로 가능하지만 종이에 연필로 그리거나 혹은 테이블에 필드를 하나 추가하는 등 2D평면에 차원을 추가하는 방법으로는 이 착시를 확인하기 어렵습니다.

특이점그래프는 흔히 차원 x(시간), 차원 y(인지능력)로 구성되는 직교좌표평면에 그려집니다. 이 평면에 정서교감/공감능력 등을 차원 z로 추가(자유롭게 추가해볼 수 있습니다)한 뒤, 인간의 능력이 자라는 직선과 인공지능의 능력이 자라는 지수곡선을 그리는 것입니다. 그렇게 그려진 3차원으로 구성된 공간 안에 그려진 두 개의 선(직선과 지수곡선)은 매우 특수한 상황에서만 교차할 뿐만 아니라 관찰자의 위치와 관점에 따라 교차하는 것으로도 보이고 교차하지 않는 것으로도 보입니다. 2차원평면 특이점그래프에서 확인되는 교점, 즉 특이점이 착시일 가능성을 확인할 수 있습니다.

이 과정을 더 확대해 또는 난이도를 조금 높여 직선과 지수곡선을 '선'이 아니라 '면', 즉 '평면'으로 공간에 그릴 때 두 평면은 '점'에서 교차하지 않고 '선'으로 교차하게 됩니다. '선'으로 교차할 경우 그것을 '특이선'이라고 부를 수 있을 텐데, 특이선으로 사고할 경우 우리는 무수히 많은 결국, 특정영역마다 특이점이 모두 다를 가능성에 대해서도 생각해 볼 수 있습니다. 그러한 '교차선' 모양에서 학생들은 '곡률'을 경험할 수도 있게 됩니다. 간단한 '특이점그래프'를 이용해 리만$^{Georg\ Friedrich\ Bernhard\ Riemann}$곡률까지 이어갈 수 있습니다. 수천 년 동안 지속되어온 종이라는 장치의 한계를 넘는 새로운 장치가 필요하며, 그것이 '수학기호체계가 디지털전환'되어야 하는 이유입니다. 그리고 그러한 차원을 다루는 생각의 방법은 기하학의 범위이며, 그것이 (가능한 한) 우리 모두가 기하학을 배워야 하는 이유가 됩니다.

16. 6. 숨은 차원을 다룰 수 있는 디지털전환의 교육학적 의미

우리가 미래학습자의 역량 등을 기술할 때 사용하는 '고차원'이라는 수식어는 흔히 변수가 많아 복잡한 상황을 의미하고는 하지만 앞서 설명한 사례는 '차원을 높이거나 낮추어 생각하는 방법'이라는 관점, 즉 생각하는 방법의 새로운 차원이라고 할 수 있습니다.

종이와 연필과 달리 디지털방법은 수학기호라는 장치를 3차원(혹은 4차원 이상의 n차원)으로 표상할 수 있습니다. 디지털환경에서 구현 가능한, 차원을 추가하거나 빼는 방법을 이용해 수학기호체계를 다루는 활동만으로도 숨어 있는 현상을 발견할 수 있습니다. 기존의 앎과 이해가 착시일 수도 있다는 사실을 확인할 수 있는 점에서 교육학적으로 중요한 의미를 가집니다. 세계를 비판적으로 이해해야 한다면 그러한 비판적 사고의 대상에 현재의 '수학기호' 역시 그리고 장치들 전부가 포함될 수 있습니다.

세계를 수학기호체계(가령 직교좌표계상의 직선과 지수곡선, 그리고 교점 등)로 표상하게 되면 볼 수 없거나 보기 힘든 것을 직관적으로 볼 수 있게 해주지만 착시를 발생시키기도 합니다. 세계를 수학기호체계로 설명하고 이해하는 수준을 넘어, 수학기호체계에 의해 세계가 동작하는 시대에 착시에 기반한 의사소통과 의사결정을 줄이기 위해 차원을 추가하거나 빼는 등의 기하학적 생각의 방법(이 방법에 '차원증감법'이라고 이름 붙여 보겠습니다), 그리고 차원증감법을 수월하게 적용해볼 수 있는 디지털적 방법은 수학기호체계의 디지털전환이 교육영역에 적용되어야 하는 이유라고 할 수 있습니다.

차원을 낮추거나 높이는 차원증감의 사유방법을 가장 효과적이고 효율적으로 내면화하는 방법은 기하학을 배우는 방법이고, 그와 같은 생각의 방법을 실행해볼 수 있는 가장 좋은 방법은 수학기호체계의 디지털전환입니다.

낮은 차원으로 표상된 수학기호, 즉 콘텐츠에서는 볼 수 없거나(은폐되거나) 혹은 착시를 발생시키는 문제는 차원을 추가하는 방법으로 해결하거나 착시 자체를 탐구대상으로 다룰 수 있습니다. 우리가 종이지면을 벗어나 디지털환경/공간으로 수학콘텐츠를 이동시켜야 하는 교육학적 이유라고 할 수 있습니다. 그런 점에서 수학기호체계를 디지털방법으로 다루어야 하고, 디지털방법으로 수학기호체계를 다룰 수 있는 도구가 학생들에게 제공되어야 하며, 그것이 수학교과서의 디지털버전이 필요한 이유라고 할 것입니다.

16. 7. 세계를 행렬과 벡터, 그리고 그들 간의 연산으로 생각하는 방법

차원을 높이거나 낮추어 생각하는 방법은 기하학영역으로 제한되지 않습니다.

2019년 10월경, 수도권지역의 과학중점학교 학생팀의 자율탐구주제와 관련해 대화를 나눌 기회가 있었습니다. 기초연구가 수행된 2016년부터 참여해온 '창의융합형과학실'정책을 계기로 학교를 방문했고, 담당선생님 요청으로 학생들과의 짧은 상담시간이 마련되었습니다. 그들은 '교실의 실내온도(기온)의 대푯값'을 찾아야겠다고 했습니다. 또렷하게 자신들의 문제를 진술하는 모습 때문에 상담시간은 길어졌고, '에어컨을 켜면 누구는 춥다고 하고 누구는 덥다고 하는데, 에어컨조작기에 표시된 온도는 대푯값이 될 수 없다, 에어컨조작의 기준이 될 수 있는 대푯값을 찾겠다'는 것이었습니다.

생활 속의 문제를 찾고 그것의 해결과정에서 무언가를 배울 수 있는

과제라는 점에서 (교육학적으로) 납득이 되는 프로젝트라는 생각에 그들과의 대화시간은 길어졌고, 다시 만나기 어렵다는 생각에 말이 많아졌습니다. 먼저 교실내온도가 위치별로 다를 가능성을 데이터로 확인하자고 제안하고, 교실에 다수의 온도계를 설치하고 온도를 측정하기로 했습니다. 교실을 포함하는 (자연)환경 속에서 실시간데이터를 측정할 수 있는 장치를 학생들에게 주고, 학생들이 자유롭게 자신들의 문제를 데이터에 기반해 탐구하는 도구로 사용하게 하려는, 제가 제 동료와 함께 개발해 수업과 연구에 사용하고 있는, 조립 가능한 DIY IoT Sensor Kit 장치인 'Tinkable Kit'을 학생들에게 제공하기로 했습니다.

교실공간을 3×4×3의 셀로 나누고 36개의 디지털온도계, 즉 WiFi를 이용해 측정데이터를 서버로 전송하고, 측정된 데이터를 서버에서 확인할 수 있는 디지털온도계(Tinkable Kit에 온도센서를 연결한 버전)를 설치해 실시간데이터를 측정하기로 한 뒤, 학생들에게 물어보았습니다.

1분에 한 번씩 측정한다고 가정하면 36개의 데이터포인트에서 측정되는 대량의 데이터가 시계열로 보일 텐데 이 데이터를 어떻게 처리하면 좋을까요?

잠시 멈추어 생각한 뒤 그 팀의 대표학생은 '평균을 내겠다'고 대답했습니다. 쉼 없이 발생할 빅데이터를 '정지상태'값으로 바꾸어 대푯값을 찾겠다는 것이었습니다.

36개의 데이터포인트에서 쉼 없이 발생할 데이터를 '정지상태의 데이터', 즉 평균으로 변환한 뒤, 평균값의 시계열 그래프를 그리고 교실 내의 활동과 비교해보겠다는 학생의 대답이 아쉬워, 이후 잠깐 '행렬'과

'벡터'로 데이터를 다루어보는 것이 어떨지, 그렇다면 뭔가 새로운 것을 볼 수 있지 않겠느냐며, 그렇게 축적된 데이터를 결국 미분방정식으로 예측하는 것도(계속 교실에 주렁주렁 온도계를 걸어둘 수는 없으니) 가능해보이는데 어떻겠냐며 대화(강의?)가 이어졌고, 결국 배석했던 담당선생님이 중재하며(학생이 따라가기 어려운, 너무 수준을 높여 이야기를 한다며) 미팅은 멈추었습니다.

다음번 미팅을 가정하며, 공간이 격자처럼 나뉜 각각의 위치에 배치된 36개의 데이터포인트에서 1분에 한 번씩 측정된 데이터가 시계열로 쌓이게 될 데이터를 구상하며 학생에게 제안할, 에어컨에서 시작되는 열의 흐름을 벡터로 다루는 미분방정식을 개념적으로 고안했습니다. 학생에게는 '교실 온도의 대푯값은 하나의 정지상태값이 아니라 순간변화량의 변화를 다루는 미분방정식일 가능성'을 제안하고 싶었기 때문입니다. 그러한 미분방정식을 알고리즘 삼아 교실의 에어컨을 조작하는 미래의 교실을 상상해보자고 제안하고 싶었지만 바이러스시대의 도래로 실제 데이터를 측정하는 단계까지 진행하지는 못했습니다.

이 학생팀의 탐구과정에서와 같이 앞으로 수 없이 많은 빅데이터가 세계의 구석구석에서 쉼 없이 생산될 것입니다. 그리고 그러한 데이터는 일차적으로 수학기호와 기호들의 체계로 표상될 것입니다. '생성'되는 빅데이터를 '정지상태'값으로 변환하거나 정지상태값을 탐구의 목표로 삼지 않고, 앞으로는 데이터의 변화까지를 고려하는 탐구 그리고 역량이 필요합니다. 그것을 위해 행렬과 벡터, 그리고 미분방정식을 이해하는 수학공부가 필요합니다. 그리고 앞으로 수학교육의 공학도구, 즉 장치는 세계 속에서 측정되어 세계를 표상하는 데이터를 살아있는 상태 그 자체로 학생에게 전달할 수 있는 (종이 위에 정지상태로 인쇄하는 방법이 아닌) 디지털방법이어야 합니다. 수학기호체계의 디지털전환이 필요한 이유라고 할 수 있습니다.

16. 8. 수학기호체계 그 자체를 학생들의 탐구대상이 되게 하자

〈2015 교육과정〉에서는 수학교과는 '문제해결, 추론, 창의·융합, 의사소통, 정보처리, 태도 및 실천역량을 길러야 한다'고 강조합니다. 그 중 '다양한 자료와 정보를 수집, 정리, 분석, 활용하고 적절한 공학도구나 교구를 선택, 이용해 자료와 정보를 효과적으로 처리하는 능력으로 정의된' 정보처리역량을 미래사회를 살아갈 세대가 확보하고 있어야 할 핵심역량에 포함시키고, 교과서와 수업에서 공학도구가 적극 활용되어야 함을 명시적으로 강조했습니다. 이를 위해 공학도구의 사용을 수학교과의 성취기준에 포함시켰습니다.

수학교과에서는 수학을 가르치고 배우는 데 활용되는 다양한 기술적 도구를 '공학도구'라고 부릅니다. 다른 교과교육에는 '공학도구' 같은 고유한 이름이 없는 점에서 수학교육이 오랫동안 '장치'를 중요하게 고려해 왔음을 알 수 있습니다. 하지만 수학교육에서 공학도구를 강조한 역사는 길지 않습니다. 1992년에 고시된 〈제6차 수학과 교육과정〉에서 처음으로 기초계산능력을 배운 이후 계산기를 포함한 공학도구 사용을 제안했습니다. 그것은 국내의 수학교육현장에서 최초로 공학도구의 허용범위를 제시한 것으로 이후에도 공학도구활용은 늘 수학교육의 중요한 탐구주제가 되어왔습니다.

2017년에 〈과학창의재단〉에서 발표한 〈알지오매스 프로젝트〉의 개요를 담은 「도형학습용 소프트웨어 개발 기초연구보고서」에서는 현재의 수학교육을 '계산중심, 교사주도, 일방향수업, 대수중심, 많은 내용 전수, 유형화/정형화된 문제에서 탐구중심, 학생주도, 쌍방향수업, 기하/시각화 중시, 창의적 사고활동경험, 비정형화된 과제'를 강조하는 방향으로 변화시킬 필요가 있다고 전망했습니다. 그러한 전망 중 다른 교과와 다른 수학교육만의 고유한 관점이 두 가지 있습니다. 첫 번째로는 '대수 중심에서 기하/시각화중심'으로의 변화, 두 번째로는 '계산중심에서 탐구중심으로의 변화'가 그것입니다.

계산중심에서 탐구중심으로의 변화를 강조할 때 탐구대상에는 학습자 주위의 세계뿐만 아니라 수학기호체계 자체가 포함되어야 합니다. 상황이 좀 복잡해질 수는 있겠지만 수학기호체계는 자체로 '공학도구'이고 '장치'라고 할 수 있습니다. 수학기호체계를 암기해 익숙해져야 하는 대상이 아니라 학생이 주도적으로 탐구해야 하는 대상으로 고려할 수 있습니다. 보고서에서 제시한 학생의 주도적 탐구대상이 될 가능성이 있는 수학기호체계 하위 영역은 기하학입니다. 기하학은 선과 면, 입체, 도형 등 기하학적 대상의 모양, 크기, 상대적 위치, 그리고 공간의 성질에 대해 연구하는 수학의 한 분야로, 학교에서 가르치는 수학에서 초등학교는 도형영역에서, 중등학교는 기하영역에서 관련 내용을 다룹니다.

기하학을 학습자주도 탐구대상으로 다룬다는 말은 무슨 의미일까요? 보고서에서는 '그래프나 도형 등 기하의 대상을 대수식이나 기하적 관계, 그리고 코딩을 통해 구성하거나 조작'하는 활동으로 제시하고 있습니다. 기하의 대상의 대표적 예는 점, 직선, 축, 선분, 원(이차곡선), 곡선, 호, 함수, 다각형, 평면, 다면체, 전개도, 원뿔, 각뿔, 원기둥, 각기둥 등입니다. 보고서는 그러한 활동을 지원하기 위한 공학도구의 필요성을 강조하고, '도형학습용 소프트웨어'라고 명명했고, 이후 '알지오매스'라는 이름이 붙었습니다.

보고서에 따르면 기하의 대상의 학습자주도탐구를 위해 점, 선, 원 등의 도형을 2차원평면 위에서 작도(2차원 작도 모듈)하는 기능, 전개도, 다면체, 회전체 등을 3차원공간상에 표시(3차원 작도 모듈)하는 기능, spreadsheet, slider, 수식입력기 등의 도구로 대수식을 표현(대수 모듈)하는 기능, 프로그래밍언어를 이용해 기하의 대상을 구성하거나 조작하는 기능(코딩 모듈)이 필요하다고 명시하고 있습니다.

16. 9. 디지털전환된 수학기호체계의 교육학

〈과학교육진흥법〉이 〈과학수학정보교육진흥법〉으로 개정될 당시(2017년 개정, 2018년 시행) 개정이유는 '과학교육뿐만 아니라 수학과 정보에 관한 교육을 진흥시키기 위해 기존의 〈과학교육진흥법〉의 제명을 〈과학수학정보교육진흥법〉으로 변경하고, 〈과학수학정보교육융합위원회〉와 분야별 위원회를 설치, 운영하도록 하려는 것'(〈국가법령정보센터〉에서 인용)으로, 개정 직후에 교육부장관 소속의 〈과학수학정보교육융합위원회〉가 설치되고(제7조 과학·수학·정보 교육융합위원회의 설치·운영 등), 〈과학수학정보교육에 관한 종합계획〉을 수립하고 발표했습니다(2020년).

개정된 법률안에서는 잘 드러나지 않지만 '교구'가 '교육자료(소프트웨어 포함)'로 개정[4]되었습니다. 외곽의 경계가 불분명한 '소프트웨어'라는 단어를 사용했다는 점에서 (빅)데이터, 인공지능, AR/VR, 클라우드

등의 자원이 '(소프트웨어 포함)'이라는 추가설명이 함께 적힌 '교육자료'에 포함되는지 그렇지 않은지에 대한 논의가 앞으로 진행될 가능성이 보이지만 그보다는 '교육자료(소프트웨어 포함)'라는 단어가 여전히 '디지털자원'을 '도구 혹은 재료의 관점'으로 이해하는 교육계의 현재 모습을 보여줍니다. 도구나 재료로 이해하는 것이 아니라 그것 역시 학생의 탐구대상이 될 수 있어야 합니다.

기능이 정상동작 중인 도구/장치는 인식대상으로 다루기 어렵습니다. 종이로 만들어진 교과서에서 '종이'의 존재 역시 인식대상으로 다루기는 쉽지 않습니다. 수천 년 동안 지식과 정보를 저장하고 전승해 인류(문화뿐만 아니라 생물학적 존재)를 보존하는데 핵심적 역할을 수행해왔으니 말입니다.

종이의 평면성의 한계를 극복하기 위한 시도는 회화영역에서도 시도되었습니다. 가장 잘 알려진 사례로는 르네상스 초기의 천재 중 일부가 종이라는 장치의 평면으로서의 한계를 극복하기 위해 소실점 등의 방법을 사용해 '깊이감'을, 즉 공간을 종이라는 평면에 표상한 것입니다. 세계의 실체는 3차원인데 2차원평면에 기록해야 하는 답답함과 한계에 대한 인식은 조각과 그림, 건축을 동시에 다룬 르네상스시대의 천재들의 경험이 그것을 가능하게 했을 것입니다. 화가들의 노력은 이후에도 계속

4 기존의 〈과학교육진흥법〉의 '교구'(제3조 국가와 지방자치단체의 임무의 1항에 과학 교재·교구의 개발보급 및 실험·실습시설의 확충으로 기술되어 있었습니다)를 '교육자료(소프트웨어 포함)'로 개정(제5조 국가와 지방자치단체의 임무 1항에 '과학수학정보교육을 위한 교재·교육자료(소프트웨어를 포함한다. 이하 같다)의 개발보급 및 실험·실습시설의 확충')되었습니다.

됩니다. 고흐는 종이평면 위에 물감을 쌓아올리는 방법으로 그림자를 구현하며 종이평면의 한계를 넘어서려 했습니다. 고흐의 그림을 '사진'이라는 또 다른 2차평면으로의 표상으로 만났을 때는 그러한 노력(2차평면에 공간을 구현하려 한 노력)이 확인되지 않습니다. '착시'의 사례라고 할 수 있습니다.

인상파화가들은 '시간의 변화'를 종이평면 위에 구현하려고 노력했습니다. 바람에 흔들리는 버드나무의 이파리를 외곽의 경계를 불분명하게 처리하는 방법으로 정지상태를 표상할 수밖에 없는 종이 위에 구현하려고 노력한 것입니다. 정지'상태'를 기록할 수밖에 없는 종이라는 장치에 시간에 의한 변화를 기록하려는 움직임은 이후에도 꾸준히 지속됩니다.

이미 주어진, 수정할 수 없는, 신화와 『성경』에 기록된, 변화시킬 수 없는 대상을 기록(성상화)했던 시기를 지나 과일과 꽃을 자기가 원하는 대로 배치한 뒤 정물화를 그린 시도를 지나고, 세계를 직접 탐구한 뒤, 관찰하고 경험한 현상을 그리려한 인문주의의 흐름을 이어, 빛에 의해 시시각각 변하는 자연을 정지상태로 표상할 수밖에 없는 종이 위에 그리기 위한 인상주의가 발달한 것입니다. 이제 시간의 변화는 종이라는 장치의 한계를 넘어 영화와 애니메이션으로 표상[재현]되고, 확률방정식 같은 수학기호들의 체계로 표상[재현]되고 있습니다.

세계의 변화, 즉 운동을 표상하려는 확률방정식까지 가지 않더라도 2차원평면좌표계에 표상된 그래프 같은 '종이에 인쇄된 수학기호'는 인식대상으로 다루기 어렵습니다. 수학에 대한 지식과 함께 수학기호의 역사성, 즉 장치의 역사성에 대해서도 이해하고 있어야 인식대상으로 다루는 것이 가능하기 때문입니다.

'종이교과서에 인쇄된 수학기호'처럼 정상동작하는 장치는 오류가 확인되기 전까지는 인식대상으로 다루기 어렵습니다. 2D평면에 표시된 수학기호에 숨겨진 현상이 3D공간으로 표상될 경우 발견되는, 그런 의미의 착시 같은 오류의 발견은, 학생들에게 '종이교과서에 인쇄된 수학기호'를 인식대상으로 다룰 수 있는 기회를 제공해 줄 수 있습니다. 그와 같은 방법으로 '수학기호체계 그 자체'를 탐구대상으로 다룰 수 있는 시작점에 위치하게 됩니다.

수학기호체계의 디지털전환, 즉 디지털방법으로 구현된 수학기호체계는 보는 사람의 관점과 위치에 따라 다른 것을 보게 되는, 수학기호가 제공하는 착시를 경험할 수 있게 해준다는 점에서 교육학적 의미가 큽니다. 가령 3차원공간에 '가르치다'와 '배우다'를 2개의 구로 표상한 3차원 벤다이어그램에서는 어느 방향에서 보느냐에 따라 겹쳐 보이기도 하고 분리되어 보이기도 합니다. 그리고 '방향들'을 사유대상으로 다룰 수 있게 됩니다. 어느 방향이 교사 시선인지 또 어느 방향이 학생 시선이고, 그리고 우리 교육학연구자들(예비교사 포함) 시선인지를 구분해볼 수 있게 됩니다. 이와 같은 3차원공간에 '디지털전환된 벤다이어그램'은 '수학기호체계 자체'를 탐구대상으로 다룰 수 있는 시작점으로 학생들을 배웅할 수 있습니다.

우리가 흔히 가르치고 배우는 상황에서 가르치는 측과 배우는 측을 돕는 장치 특히 IT 장치를 I(C)T라고 부를 때는 통신/전달/전송의 맥락이 강하고, 디지털이라고 부를 때는 형식/방법의 의미가 강합니다. 그와 같은 맥락에서 디지털기술이 지식체계 자체 혹은 지식체계의 형식에 미치는 영향을 강조하고자 '디지털방법', '디지털전환'이라고 적었습니다. '알지오매스'를 넘어 인공지능을 수학교과서와 수학콘텐츠에 연결하려는 시도 등의 수학기호체계를 디지털전환하려는 노력은 디지털전환된 수학기호체계 그 자체에 대한 교육학적 탐구가 병행되어야 하고, 그러한 장치들에 '공학도구', '에듀테크' 등의 이름을 넘는 새로운 이름이 고안되어야 합니다.

세계를 추상화하는 기호체계와 기호체계를 다루는 장치의 형식이 2D평면에서 3D공간으로 이동한다는 것, 디지털방법으로 수학기호체계를 실행시킨다는 것은 단지 형식의 차이뿐만 아니라 2D평면에 인쇄된 기호의 존재에서는 드러나지 않는, 그런 의미에서 평면에 은폐된 의미(착시)를, 차원을 추가해 잘 보이도록 드러낼 수 있는 점에서 교육학적 의미가 큽니다. 기존의 수학기호체계 속에 무엇이 숨어 있고, 어떤 착시를 발생시키는지, 그리고 무엇을 드러내는 것이 교육학적으로 올바른지에 대한 탐구가 필요합니다.

16. 10. 디지털전환된 수학기호체계, 즉 장치의 교육학이 필요하다

수학기호체계를 디지털전환하거나 디지털전환된 수학기호체계를 탐구하는 과정에서 공간을 다룰 능력, 공간 속에서 대상물을 모델링하는 능력, 공간 속에서 대상물들과 그것들 사이의 관계 자체를 추상하는 능력이 핵심이 될 것입니다. 더 나아가 그러한 대상물을 시간축 위에서 변하는 모습과 변화 자체를 탐구할 수 있는 능력 및 그것을 지원하기 위한 새로운 형태의 콘텐츠/도구/디지털자원이 마련되어야 합니다. 수학기호체계의 디지털전환이 필요한 교육학적 이유이고, 수학을 배워야 하는 이유입니다.

17. 장치의 교육학: 장치를 바꾸어 교육을 바꾸자

17. 1. 교육장치로서의 인공지능의 배치

인공지능이라는 이름으로 불리는 '인공인지시스템'이 가능성 확인과 확대적용을 위한 실험단계를 넘어 일상생활 그리고 학교시스템에 배치되고 있습니다. 사전에 정해져 등록절차와 방법에 따라 정보를 처리하는, 우리가 흔히 '컴퓨터'라고 부르던 단계를 지나 '기계학습'이라고 부르는 대규모 데이터처리메커니즘을 이용해 사전에 정해지지 않았던 새로운 인지처리절차와 방법을 생성할 수 있는 수준에 이르렀습니다. 정보처리과정에서 인간의 도움 없이 새로운 인지처리절차와 방법을 스스로[5] 고안하는 것도 가능한 수준입니다.[6] 학습하는 인공지능시대에 '어떤' 인공지능을 '어느' 위치에 배치할 것인지와 관련해 우리가 다루어야 하는 질문으로 다음 질문을 제안합니다. '방법으로서의 물음'입니다.

인공지능이 학습가능하다면, 혹시 가르치는 것도 가능할까요?

---

[5] 인공물이 개발자의 도움과 존재가 없는 상태에서 기존에 탑재되어 있지 않던 데이터처리 프로세스를 생성할 수 있다는 점에서 '스스로'.

[6] 대표적인 예는 알파고의 마지막 버전으로 알려진 '알파제로'라고 할 수 있는데, 이전 버전이 인간이 제공했거나 인간의 생성한 정보에 기초해 바둑에서 이기는 방법을 학습한 것에 비해 알파제로는 알파고끼리 바둑을 두며 바둑에서 이기는 방법을 학습한 것으로 알려져 있습니다. 인간의 도움 없이 바둑에서 이기는 방법을 학습하는 인공지능입니다.

17. 2. 어떤 인공지능기술을 어느 위치에 배치해야 할까요?

인공인지시스템은 특정영역에서 인간의 인지시스템보다 우월합니다. 더 많은 정보를 저장하고, 더 빠른 속도로 연산할 수 있고, 오류 없는 정보전송이 가능합니다. 발송되었지만 도착하지 않고 사라져버린 '도둑맞은 편지' 같은 상황은 발생하지 않습니다. 더 나아가 학습능력을 갖추어 스스로 능력을 발달시킬 수 있습니다. 다양한 장치가 인공인지시스템과 디지털 방식으로 연결되어[7] 인지시스템을 갖춘 것처럼 보이는 장치가 되어가고 있습니다. 클라우드라는 이름의 기술환경과 사물인터넷의 힘입니다. 의사소통하고 있는 상대편이 인간인지 인간이 아닌지 구분할 수 없다면, 즉 생각하는 존재인지 아닌지를 구분할 수 없다면 그것이 실제로 생각하는 능력이 있건 없건 그것은 생각하는 존재라고 판단한 튜링테스트 관점에서처럼 인공인지시스템과 연결된 사물들은 이제 '생각하는 사물'이 되고 있습니다.

인공지능을 다루는 (공)교육계가 처한 난처한 상황은 지금도 인공지능은 (공)교육계 밖에서 자라고 있고 앞으로도 (공)교육계 밖에서 자랄 것이 분명하다는 점입니다. 인공지능을 활용하는 교육정책을 기획하는 역할을 담당한 교육청담당자는 이렇게 말합니다.

> 결국 나라예산을 사용해 개발한 뒤 사용해야 하는데, 언젠가 분명 어떤 회사에서 만들어 서비스될 거라고 생각합니다. 그리고 회사에서 더 잘하지 않을까 싶고 말입니다. 회사에서 하게 될 일을 나라예산으로 하는 느낌입니다

---

[7] 우리는 이와 같은 연결을 사물인터넷Internet of Things이라 부릅니다.

(교육청 인공지능정책담당 장학사 A).

이와 같은 문제를 해결하기 위해 우리의 공교육계가 해오지 않은 일을 시도해야 합니다. 산업계와의 인터페이스를 구축하는 일입니다. 필요한 논의의 핵심은 민간영역에서 자라는 자원을 공공영역에서 활용하기 위한 민간과 공공 사이의 인터페이스를 구축하는 것입니다. 기술적 인터페이스뿐만 아니라 법적·제도적·정책적 인터페이스가 구축되어야 합니다. 사교육학원처럼 민간에서 보다 좋은 자원을 만들어낸다고 해도 공공에서 활용할 방법이 없는 자원은 공공에 의미가 없습니다. 신기술의 활용을 계기로 민간과 공공 간의 인터페이스를 만들어내야 합니다.

인공지능은 다양한 위치에서 교육장치로의 배치가 검토되거나 배치되고 있습니다. 인공지능교육장치가 배치되는 위치의 대표적 예는 앞서 소개한, 학생을 분석하고 예측하는 장치('지능형학습분석시스템'), 학생과 의사소통하는 장치('대화형영어학습에이전트'), 물리적 공간을 포함한 학습공간을 지능화하는 장치('지능형과학실')로서의 위치입니다. 다양한 위치에 인공지능교육장치가 배치되거나 배치가 검토되고 있지만 아직 (공)교육이 인공지능을 다룰 책임 있는 방법이 확보된 것은 아닙니다. 여전히 인공지능은 (공)교육영역 밖에서 자라고 있고, (공)교육계는 공적 영역 밖의 자원을 활용하는 방법에 대해 합의를 만들어내지 못하고 있습니다.

17. 3. 장치의 위치를 찾는 방법: 질문을 이용한 방법적 이항대립과 고차원 벡터공간

질문을 이용해 둘로 나누는 작업을 반복해 다수의 이항대립을 확인하는 방법으로 현상의 숨은 차원을 드러낼 수 있습니다. 이를 '방법적 이항대립'이라고 불러보겠습니다. '방법적' 이항대립은 기존에 존재하는/고착화한 이항대립의 구조를 무너뜨리는 탈구축방법이 아니라 다수의 이항대립이 가로지르는 절단면들을 종합함으로써 현상의 숨은 차원을 드러내고, 드러나는 현상 속에 장치를 배치할 위치를 찾는 방법이 될 수 있습니다. 교육은 (개인적 수준에서나 사회적 수준에서나) 장치들의 배치로 이해할 수 있습니다. 이와 같은 관점에서 바라보고 배치할 장치를 기획하고 배치할 위치를 찾는 것입니다. 그리고 그러한 장치가 그러한 위치에 배치될 수 있도록 지원하는 것이 장치의 교육학의 목표라고 할 수 있습니다. '방법적 이항대립'은 장치의 교육학의 방법이 될 수 있습니다.

개인적 성공과 사회적 성공을 위해 교육시스템 내로 들어온 사람의 능력을 성장시키는 것이 교육(학)의 기본목표입니다. 그러한 관점에서 교육과 관련된 현상을 다루는 교육학의 개념공간은 벡터공간입니다. 무엇을 추구하느냐에 따라 다양한 교육장치가 개발/제작되어 특정한 위치에 배치됩니다. 가령 생물학적 연령을 기준으로 구성되는 단위인 '학년'은 교육장치이며, 해당 연령대의 모든 사회구성원에게 적용될 수 있도록 배치되었습니다.

근대로 접어들면서 아동을 성인과 분리[8]시켜 다루려는 노력, 사회적 차별을 넘어 모든 인간에게 기본소양을 기르게 하려는 노력, 표준적 산

---

[8] '아동' 개념이 언제, 어떻게 발생했는지는 아리에스Philippe Ariès, 문지영 역, 『아동의 탄생』, 새물결출판사를 참고할 수 있습니다.

업인력을 확보하려는 노력, 그리고 피아제의 인지발달이론 등의 교육학적(인문학적) 근거를 기초로 생물학적 연령을 기준으로 사회구성원을 분류하고 등록하는 장치가 배치되어 왔습니다. 특정한 위치에 배치된 장치는 전체시스템의 구성요소가 되며, 정상동작하는 장치는 고장 날 때 그리고 보다 좋은 장치가 나타날 때를 제외하고는 우리 시야에서 사라집니다. 물론 그러한 장치들이 초기 의도와 목표에 따라 작동하리라고 믿어 줄 수는 없습니다. 장치는 라투르의 네트워크 속에서 사회관계를 구성하는 능동적 행위자로 이해되어야 합니다.

교육시스템 내에 자리 잡고 정상동작하는 장치들은 기원을 찾기 위해 노력하지 않는 한 어떤 역할을 수행하는지를 사유대상으로 다루기 쉽지 않습니다. TV가 등장하면서 모두 같은 시간에 같은 장소(교실)에 모여 있을 필요에 대해 생각(이후 원격교육이 교육학적 탐구대상이 된다)하게 되고, 멀티미디어가 하이퍼링크 방식으로 연결되는 웹이 등장하면서 종이에 새겨진 책의 역할에 대해 생각하게 되는 것입니다. 바이러스시대가 되어 물리적 공간과 콘택트의 의미가 사유대상이 되는 것처럼 말입니다.

현재의 시공간 그리고 시공간에서의 현상을 질문으로 나누는 방법적 이항대립의 방법으로(고고학/계보학처럼 시간축으로 뒷걸음하거나 민속지학처럼 공간축으로 옆걸음하지 않고) 현재 우리가 속한 시공간에서 발생하는 현상을 사유대상으로 삼을 수 있습니다. 방법적 이항대립을 위해 고안된 질문으로 다수의 절단면을 만들고, 절단면에서 메시지를 발견하는 것입니다. 교육학은 현상에 대한 이해가 아니라 현상을 변화시킬 실행에 집중해야 한다는 점에서 위치를 찾는 사유과정뿐만 아니라 해당 위치에 가장 적절한 장치를 고안해 그러한 위치에 배치시키는 노력에 집중해야 합니다. 이 과정에서 고안되어야 할 질문이 확보하고 있어야 할 핵심조건은 질문이 '가치'를 다루어야 한다는 점입니다. '가치'는 반드시 방향성을 가진다는 점에서 질문 역시 '방향'을 가져야 하며, 그런 의미에서 '질문'은 벡터로 대상화될 수 있습니다.

현상을 드러내는 방법으로서의 이항대립 도구인 벡터로서의 n개의 질문에 의해 구축되는 공간은 n차원 벡터공간입니다. 현실의 시공간에서 발생하는 현상 그리고 장치들은 이 n차원 벡터공간에 개념적으로 배치되고, 물리적 현실세계에서 적절한 위치를 찾아 배치될 수 있습니다. n차원 벡터공간에 사상된 현상으로서의 교육행위와 교육장치는 위치와 함께 위치의 변화를 탐구대상으로 다룰 개념공간을 제공해줄 수 있습니다.

장치의 교육학의 목표는 장치를 만들어 특정 위치에 배치하는 것입니다. 이를 위해 위치는 '탐구'되어야 하고 장치는 '제작'되어야 하고 해당 위치에 '배치'되어야 합니다. 그리고 '탐구', '제작', '배치' 모두 학생들에게 제공할 교육활동이 되어야 합니다. 그것을 위해 필요한 것은 특정 위치에 배치되는 교육장치가 지키고 보호해야 하는 것이 무엇이고, 장치가 확보하고 있어야 할 핵심 원리가 무엇인지를 찾고, 이 원리를 정상동작시키기 위해 가장 적절한 위치가 어디인가?를 찾는 것입니다. 2019년 이후 활발하게 논의 중인 인공지능은 차세대의 미래를 위해 배치되어야 하는 장치로, 우리는 그것의 가장 적절한 위치를 찾아 배치해야 합니다. 그리고 교육학자들은 이 장치를 사유대상으로 다루기 위해 기록으로 남겨야 합니다.

17. 4. 장치를 바꾸어 교육을 바꾸어보자. 장치의 교육학을 위한 시론

학교에서 민주주의를 경험할 수 있도록 돕고, 그런 의미에서 '시민성'의 확보를 지원하려는 민주시민교육에서는 감시와 통제를 내면화시켜 자기검열 시스템을 구축하는 '작은 창문'과 같은 장치를 대상으로 다루지 않습니다. 학교와 교실의 삶 속에서 민주주의를 경험하게 하려는 민주시민교육을 위해 출입문에 설치된 '작은 창문'과 같은 교육장치를 교육학의 탐구대상으로 다룰 필요가 있습니다. 그리고 그러한 과정에서 공유되고 확보된 '장치의 교육학'의 틀에서 '인공지능의 감시와 통제' 문제를 다루어야 합니다. 그리고 SW/Coding 교육을 통해 인공지능을 '제작'하는 경험을 추구하는 것처럼 (가령) 교실출입문의 '작은 창문'을 대체할 새로운 교육장치를 '제작'하는 경험이 학생에게 제공되어야 합니다. 학생들이 창체수업과 자유학기제, 학생자율탐구과정에서 그리고 교과융합수업에서 직접 출입문을 (개념적으로, 프로토타입 모형으로, 실제로) 설계하고 제작하는 것입니다. '자기검열'을 발생시키지 않으면서 바깥과 안쪽의 효과적 상호작용/의사소통의 발생을 지원하는 새로운 형태의 인터페이스를 설계해보는 것[9]입니다. 그러한 정보입력과 출력인터페이스는 앞으로 교육계에 적용될 '인공지능장치의 핵심기능'이 될 것이고, 교육학이 고집을 부려야 하는 핵심 위치가 될 것입니다.

누군가 외부전문가[10]의 의사결정에 따라 무언가 새로운 장치를 배치하는 방법이 아니라 바로 교실에서 생활하는 학생들이 출입문이라는 장

---

[9] 흔히 이 과정에서 학생의 설계는 '불투명 창'으로 집중되고, 교사의 설계는 '통유리 출입문'으로 집중됩니다.
[10] 교실공간의 설계에 참여하는 외부전문가는 흔히 건축설계전공자입니다.

치를 탐구대상으로 다룰 수 있도록 교육계의 담론과 프로그램과 실행 안에 배치해야 합니다. 그리고 그러한 경험과 '총론' 속에서 '인공지능이라는 새로운 교육장치'를 다루어야 합니다. 이 과정에서 '인공지능시대의 시민성'을 다루는, n차원 벡터공간에서의, 하나의 시작점을 확보할 수 있을 것입니다.

'작은 창문', '현미경' 같은 물리적 장치뿐만 아니라 알고리즘이라는 비물질적 장치인 인공지능을 포함하는 미래의 교육장치를 다루기 위해 제기되어야 하는 질문의 예를, 2020년의 바이러스시대의 원격수업에서의 토론상황에서 제기한 사범대 이과계열 신입생들의 의견을 통해 일부 확인할 수 있습니다. 이 질문과 의견들 근처가 장치의 교육학이 구성하는 고차원 벡터공간을 구축하고 그러한 공간 내에서 현상을 탐구하는 시작점이 될 수 있습니다.

JSD(수학교육과): 교실의 작은 창의 역할에 정말 공감이 많이 되었습니다. 고등학생 때 작은 창으로 인해 감시당하는 기분을 많이 느꼈기에 개선의 필요성을 느끼긴 했지만 그것을 교육 전반의 문제로 이어나갈 생각은 하지 못했습니다. 교실의 장치들을 학생들이 주체가 되어 고민해보고 생각해 볼 필요가 있음을 새롭게 깨닫게 되었고, 그것을 학습주제로 설정해 적용한 부분은 정말 인상 깊었습니다. …… 이런 작은 시도들이 이어진다면 학생들이 주체가 되는 민주주의 수업이 이루어질 수 있으리라 기대됩니다.

AYD(생물교육과): 교수님께서 말씀하시는 장치는 '특정한 의도로 만들어진 모든 것'을 의미하는 것 같습니다. 그렇게 말한다면 교실과 학교를 넘어 존재하는 모든 기물이 특정한 효과를 유발하는 장치라고 볼 수 있을 것 같습니다. 초반부 교수님께서 예시로 든 교실 문에 붙은 작은 창문의 사례는 흥미로웠습니다. 민주시민은 주권을 갖고 공동의 의사결정에 자유롭게 참여하는 시민이라고 생각합니다. 민주시민은 자유를 가져야 하므로 제3자의 감시를 받아서는 안 될 것입니다. 민주시민을 양성하는 역할을 지닌 학교에 민주시민으로의 성장을 방해하는 역할을 하는 장치가 있다는 것이 역설적으로 느껴졌습니다. 학창시절에 창문이 있음을 인지하고, 그것을 통해 감시받은 경험이 많습니다. 하지만 억압받는다는 느낌은 전혀 받지 못했습니다. 이미 창문을 통해 감시받는 일에 적응되어 인지하지 못한 것이라는 생각이 들어 신선한 충격을 받았습니다. 동시에 의문도 들었습니다. 감시하는 용도로 만들어진 장치인 창문은 교육학적 대상이 아닙니다. 하지만 저처럼 감시당한다는 행위를 인지하지 못한다면 창문은 학생들의 자연스러운 모습을 감시한다는, 원래 목적을 달성하게 됩니다. 만약 대상자는 효과를 인지하지 못하지만 실제 효과는 발생하는 이상적 장치가 있다고 가정해 보겠습니다. 그렇다면 과연 장치의 목적이 나쁘다고 해서 장치가 마냥 나쁘다고 말할 수 있을까요? 부정적 영향을 최소화하면서 의도는 달성하는 긍정적 장치라고 보아도 좋지 않을까요? 마치 데코레이션 역할은 다하면서 맛에는 아무 영향을 미치지 않는 금가루 같은 역할을 한다면 문제가 없을 것 같습니다.

결론

|

교육학 방법으로서의 '물음'

학습하는 인공지능이 가능해진 시대에 '가르치는 인공지능은 가능할까요?'라는 질문은 인공지능을 배경에서 전경으로 끌어내기 위해 사용한 물음입니다. 만약 그것이 '배경'이 아니라 우리 생각에 구체적이고 직접적인 영향력을 행사하는 '배후'에 해당한다면, 그것을 그러한 위치에 그대로 둘 수는 없으니 말입니다.

'물음'은 개념공간을 구성하는 방법으로 사용할 수 있습니다. 다수의 물음으로 개념공간을 잘게 나누는 것입니다. 그러한 개념공간에서 '현상'의 위치를 찾거나 새로운 (개념)장치를 그러한 개념공간의 특정한 위치에 배치시킬 수 있습니다. 다수의 물음으로 잘게 나뉘어 구성된 개념공간은 n차원 개념공간이라고 부를 수 있습니다.

세계 속의 변화를 종이교과서에 정지상태로 새긴 '수학기호'도, 우리가 보지 못하는 또 다른 세계가 존재한다는 경험을 제공하는 실험실의

'현미경'도, 누군가가 들여다볼지도 모른다는 상황을 내면화하며 자기검열하게 만드는 교실출입문의 '작은 창문'도, 이제는 스마트폰에 통합되어버린 '전자계산기'도, 학생의 얼굴을 인식해 학교폭력을 예측할 수도 있다고 언급되는 '얼굴인식인공지능'도, 개별학습자의 관심과 수준에 맞추어 지식과 정보, 경험을 추천하고 제안하는 '지능형학습분석시스템'도 각각에 적절한 위치를 찾아줄 교육학의 '개념공간'이 마련되어야 합니다. 이를 위해 우리는 쉼 없이 물어야 하고 '물음'을 개발해야 합니다.

잘 제기된 '물음'은 '우리'가 누구인지, 무엇을 대표하는지, 우리 생각의 배후에는 무엇이 있는지를 탐구하게 도와줄 것입니다.

그리고 우리가 적절한 교육학 '개념공간'을 구성할 수 있게 해주고, 앞으로 등장할, 현재는 상상하기 어려운 '인공지능교육장치'의 적절한 위치를 발견할 수 있도록 도와줄 것입니다. 그리고 '어느' 위치에, '어떤' 인공지능-교육장치를 '배치'할지에 대해 논의를 집중할 수 있도록 도와줄 것입니다.

인공지능을 배경에서 전경으로 끌어내기 위해 사용한 '학습하는 인공지능시대에 가르치는 인공지능도 가능할까요?'라는 물음을 함께 궁리해준, 2020년 1학기에 개설된 서울대학교사범대학의 '컴퓨터의 개념 및 실습' 수강생들에게 감사인사를 드립니다.

감사의 글

여러 기관의 도움으로 다양한 교육정책의 기획-설계-개발-실행-평가과정에 참여하고 있습니다.

아시아권에서 가장 뛰어난 미래학습공간을 만들기 위해 추진 중인 미래교육테마파크와 인공지능기술과 빅데이터를 학교현장에 도입하는 정책의 기획과 개발과정에 참여할 수 있는 기회를 나누어준 경상남도교육청 관계자분들께 감사드립니다. 우리나라의 '지역'이 어떻게 '글로벌'을 지향할 수 있는지에 대해 많이 생각해볼 수 있는 기회가 되었습니다.

교육부와 과학기술정보통신부의 관련 정책연구에 참여할 수 있는 기회를 나누어준 한국과학창의재단 관계자분들께도 감사드립니다. 식구처럼 생각해주는 창의재단분들을 보면 중앙정부정책을 기획하는 새로운 세대의 등장을 기대하게 됩니다.

언제나 고향집 같은 느낌을 공유해주고 많은 이야기를 들려주는 한국교육학술정보원 관계자분들께도 감사드립니다. 중앙정부 수준의 교육정책을 생각해볼 수 있는 소중한 기회가 됩니다.

특히 서울교육청 관계자분들께 감사드립니다. 서울교육청미래교육(에듀테크)정책자문관으로 교육청내의 여러 에듀테크정책과 미래교육정책에 참여하면서, 책과 논문으로 이루어진 세계가 아닌 학생과 교사, 그리고 학교교실을 기초로 생각할 수 있도록 해주셨습니다. 경험을 통해 많은 것을 배우고 있습니다.

늘 제 이야기에 귀기울여주시고 많은 이야기를 들려주시는 서울대학교사범대학의 임철일 교수님, 정대홍 교수님, 이병민 교수님, 조영환 교수님, 김선희 교수님, 그리고 김희백 사범대학 학장님께 감사드립니다. 교수님들 덕분에 조금씩, 조금씩 생각이 정리되어가고 있습니다.

원고의 시작과 끝, 그리고 그 과정 전체를 공유해준 새물결출판사의 조형준 주간님께 감사드립니다. 제 머릿속 개념공간이 조금이라도 넓어지고 깊어졌다면 주간님 덕분입니다. 이제 한 권 마무리했습니다.

이 책은 인류가 구축해온 현대문명이 얼마나 취약한지를 증명하는 바이러스시대의 산물이기도 합니다. 모든 활동이 온라인에서 이루어져야 했던 강의를 위해 '말'을 '글'로 적어야 했던 시절의 산물입니다. 한 학기 동안 글을 읽어주고 열심히 토론에 참여해준 2020년 1학기 서울대학교 사범대학 '컴퓨터의 개념 및 실습' 수강생들에게 특별히 감사드립니다. 많은 것을 배울 수 있는 시간이었습니다.

앞서 출간한 책을 마무리할 때도 그랬지만, 이번 책을 마무리할 때도, 집안에서 '멍~하게 딴 생각을 하고 있는' 아빠와 남편을 지켜봐준 우리 가족. 저의 힘입니다. 고마워요.

후기

이 책의 탄생에 관한 짧은 보고

'컴퓨터의 개념 및 실습'은 2020년 1학기 서울대학교사범대학에 개설된 과목으로, 사범대학학생만 수강신청할 수 있도록 개설된 과목(주당 실습 1시간, 강의 2시간)이었습니다. 사범대학학생을 위한 강의가 될 수 있도록 가이드라인 2개를 정한 뒤, 강의계획서를 작성해 학교시스템에 등록했습니다. 첫째는, 컴퓨터 그 자체의 개념을 다룬다기보다는 컴퓨터와 교육 사이에 존재하는 것들을 담을 수 있는 개념공간을 다루겠다고 했습니다. 둘째는, 개인용컴퓨터 수준의 컴퓨터실습(소프트웨어사용 등)이 아니라 클라우드컴퓨팅 환경, 피지컬컴퓨팅 그리고 빅데이터와 인공지능까지를 포함하는 넓은 의미로 실습을 하겠다고 했습니다.

바이러스시대가 도래하기 전까지의 계획은 그랬습니다.

'학습하는 인공지능이 상식이 되어버린 시대에, 가르치는 인공지능은 가능한가? 논증하라'를 학생들에게 제공할 기말과제로 결정해둔 상태였고, 강의에서 다룰 내용은 이 과제를 중심으로 적절한 위치에 배치했습니다. 중간과제는 강의를 설계하던 당시까지는 미정이었습니다.

강의에서 다룰 개념공간 즉, 컴퓨터와 교육 사이에 존재하는 것들을 위한 개념공간을 다루기 위해 준비한 내용을 크게 구분해보면, 소프트웨어적 측면에서는 '튜링'을 재료로 하고, 하드웨어적 측면에서는 '라투르(인공물 역시 사회적 행위자임을 강조하는 행위자네트워크이론의 라투르)'를 재료(라투르의 Actor를 하드웨어 측면으로 구분하는 것이 적절하지는 않지만 맞짝이라는 형식에 맞추어 구분해보자면 그렇다는 의미입니다)로 다루기로 했습니다. 이는 우리 수업에서 제가 구축하고 싶었던 그리고, 구축한 뒤 그 속에 학생들을 넣고 싶었던 개념공간의 컴퓨터 차원에 해당합니다. 그런 의미에서 제가 구축하려는 개념공간은 이중적입니다. 다른 수업에서도 늘 그렇게 되도록 노력합니다. 개념공간은 학생들이 공부해야 할 내용에 대한 전체 얼개를 보여준다는 점에서 Constative해야 하고 동시에 학생을 변화시키는 개념공간이라는 점에서는 Performative해야 합니다. 두 마리 토끼를 한꺼번에 잡으려 시도하지만 늘 성공하는 것은 아닙니다.

개념공간의 교육 차원은 교육의 원형에 해당하는 소크라테스의 산파술을 시작으로, '교육학에서의 주체' 그리고 '교육학의 주체' 문제까지를 다루기로 했습니다.

소크라테스의 『메논』을 재료로 이용해 강의자료(3절 「가르치는 인공지능은 소크라테스처럼 질문할까요?」)를 만들었고, 이는 니체의 『비극의 탄생』을 이용해 만든 강의자료(15절 「가르치는 인공지능은 소크라테스적일까요?」)와 연결될 수 있도록 설계했지만 『메논』을 이용한 읽을 자료가 종강에 즈음해 마무리되는 바람에 학생들에게 제공하지는 않았고, 본서 3절에 실었습니다.

튜링은 1936년의 논문(「결정문제에 응용한 계산가능한 수에 대해」)에서부터 시작하기로 정했습니다. 논문 그 자체로는 굉장히 어려운 글이지만 핵심이 되는 아이디어를 잘 분리해낸다면 본 강의의 목적에 부합하는, 앞으로 몇 년을 사범대학에서 공부해야 하는 학생들에게 도움이 되는 글이라고 생각했습니다. 튜링(1936년)을 재료로 이용해 작성한 글은 2개로 분리해 학생들에게 제공했습니다. 하나는 5절에 실은 「가르치는 인공지능은 스스로를 멈춰 세울 수 있을까요?」이고, 다른 하나는 6절에 실은 「가르치는 인공지능은 스스로 생각할 수 있을까요?」입니다. 튜링의 논문을 시작점으로 학생들이 '인공지능 그 자체에 대한 이론적/논리적/과학적 접근'을 시도하도록 유도하고 싶었습니다. '인공지능기술을 배워야 해. 그래야 취직을 조금 더 잘할 수 있을 거야' 같은 실무적 관심이 아니라 말입니다.

자연과학계열 중 수학교육전공학생들에게는 튜링에서 시작해 뒤로 거슬러 올라가 괴델과 힐베르트와 칸토어까지 다녀오게 하자고 생각했고, 과학교육전공학생들에게는 튜링을 폰노이만과 연결하고, 섀넌 등의 사이버네틱스와 초기 인공지능에 대한 논의까지 갔다 오게 하자고 생각하며 읽기자료 안에 길을 설계했습니다. 일부 학생들이 '그 길'을 발견했습니다. 종강할 즈음, '모두 다 읽고 확인한 다음에 다시 연락드리겠다. 조금만 기다려 달라'는 메일을 받았습니다. 굉장히 기뻤습니다.

2월 말, 수강신청학생들이 거의 확정되었습니다. 인문사회예체능으로 분류할만한 전공학생들은 전혀 없고, 수학과 자연과학계열 전공학생들로만 80명(동일한 강의명으로 40명 정원의 2개 강의개설)이었습니다.

인문사회과학계열 학생들을 위해 설계해둔 길, 튜링을 지나 괴델, 비트겐슈타인, 러셀로 이어지는 '자기지시의 역설'이라는 길, 그리고 하이데거와 라투르로 이어지는 기술과 장치, 인공물에 새로운 개념적, 그리고 사회적 위치를 부여하려는 생각으로 이어지는 경로는 지웠습니다. 대신 니체를 추가했습니다. 자기지시의 역설의 길은 간략하게 요약해 소개하는 정도에서 멈추기로 정했습니다. 수강신청학생 중 인문사회계열 학생이 한명도 없다는 사실에 굉장히 놀랐지만 달리 제가 어떻게 할 수 있는 건 없어 이 길을 지웠습니다(최종적으로 영어교육전공학생 1명이 추가신청과정에서 등록했습니다).

바이러스 상황이 심상치 않게 변하던 2020년 2월 초반부터 온라인 수업을 준비했습니다. 이번 수업에서는 '말(영상)'보다는 '글(읽기와 쓰기, 그리고 문자를 이용한 토론)'에 집중해보자는 생각으로 머릿속의 '말'을 '글'로 옮기기 시작했습니다. 제 생각을 읽을 자료로 전달하는 것이 목표였습니다. 학생들에게 읽기자료로 제공해도 될 것 같은, 오픈-베타 수준의 글은 대부분 4월초까지 작성을 마무리한 뒤, 학생들 반응을 보면서 최종적으로 학생들에게 제공할 글을 골라 등록했습니다. 모든 오프라인의 사회생활이 중지된 상태라 글을 적을 수 있는 충분한 시간이 확보되어 가능했습니다. 사람들이 없는 지하철의 첫 기차를 타고 작업실로 이동한 뒤, 사람들이 많지 않은 오후시간에 집으로 돌아오는 생활을 반복했습니다. 그 기간 동안 모든 회의와 외부강연이 사라졌습니다. 선택되어 마무리되는 글들은 해당 주차를 기다리지 않고 바로바로 학생들의 읽기자료로 등록했습니다.

저는 시간축에 줄을 세운 뒤, 과거와 미래로 이동하지 못하고 현재만 경험시키는 공중파TV방식보다는 자유롭게 시간축을 오갈 수 있도록 서비스하는 넷플릭스방식이 더 진화한 방식이라고 생각합니다. 사용자 관점에서 그렇습니다. 학생들이 원하는 시간에 원하는 주제를 원하는 만큼 읽어볼 수 있도록 텍스트를 제공하는 것이 맞다라고 생각합니다. 이 원고들을 책으로 바꾸어 출간하려고 노력하는 이유이기도 합니다. 어른들은 학생들이 필요한 순간에 필요한 것을 공부할 수 있도록 준비해두어야 합니다. 다음 번 강의에서는 이 책에 포함된 원고를 자세히 강의하지 않을 수 있을 테니 말입니다. 그때는 다시 그때의 학생들을 위해서 질문을 개발하고 읽을 자료 사이에 길을 설계하게 될 것입니다. 누군가는 제가 설계해둔 길을 발견하고 따라 걸을 테고, 또 다른 학생들은 제가 설계하지는 않았지만 원래 그곳에 있던 길을 따라 걸을 테고 말입니다. 물론 없었던 길로 말하자면, 아직 '에크리튀르(기록된 것)'되지 않은 길을 만들어가는 학생도 있을 테고 말입니다.

튜링을 지나 괴델, 비트겐슈타인, 러셀로 이어지는 길을 '자기지시의 역설의 길'로 정리하고 강의자료로 제공한 글은 6절 「가르치는 인공지능은 스스로 생각할 수 있을까요?」에, 튜링을 지나 괴델, 힐베르트, 칸토어를 지나는 '거의 모든 것이 계산가능하다'의 생각을 정리한 글은 5절 「가르치는 인공지능은 스스로를 멈춰 세울 수 있을까요?」에 실었습니다.

이과생밖에 없는 강의에 니체를 추가한 이유는, 이과생에게 '이성 혹은 과학(그 자체와 방법)에 문제가 있다면 그러한 문제는 이성과 과학으로 다룰 수는 없다. 그렇다면 어떻게 다룰 수 있는가?'라는 질문을 학생들에게 나누어주고 싶었기 때문입니다. 컴퓨터 그리고 인공지능은, 절차에 따라 이루어지는 이성적·과학적 생각/방법의 결과물(어쩌면 마지막 결과물)이기 때문입니다. '이성과 과학 그 자체'와 이성과 과학의 '방법'에 어떤 질문들이 제기되고 있는지를 '수학 및 자연과학계열의 사범대학학생들에게 소개'하기 위해 니체, 특히 고대그리스비극에서 이성의 기원을 찾았던 니체를 포함시켰습니다. 관련된 질문을 제기하는 수많은 학자 중에서 왜 니체인가?에 대한 답변은 난처할 정도로 단순합니다. 우리나라에서 니체는 누구나 다 아는 이름이기 때문입니다. 고등학교를 막 졸업한 이과생들을 포함해 말입니다. 가령 '근대과학에 의해 자연이 어떻게 수학화되고 어떻게 삶과 분리되었는지'를 이야기한 후설을 소개할 수도 있지만 후설? 누군데요?라고 물어볼 게 뻔하기 때문입니다. 강의에서 읽기자료로 학생들에게 제공한 니체 관련 글은 15절 「가르치는 인공지능은 소크라테스적일까요?」에 있습니다.

세계를 인간-비인간이 연결된 행위자네트워크로 이해하는 라투르의 관점(인공물 역시 사회적 행위자이다)에 따라 '컴퓨터(인공지능 등을 포함하는 넓은 의미에서) 역시 행위자'라고 가정한 뒤, 인공물행위자까지를 고려한 상태에서 '교육학에서의 주체'문제를 다루고 싶었습니다. 이과생들을 대상으로 지나치게 멀리까지 나간다는 느낌이 드는 하이데거는 빼더라도, 라투르의 행위자네트워크 관점은 소개해야 한다고 판단한 뒤, 몇 개의 글을 추가했습니다.

인공물 역시 사회적 행위자라는 라투르의 관점은 매우 매력적이지만 라투르의 텍스트는 독해하기가 쉽지 않다는 점에서, 다른 읽기자료 텍스트 속에서 간단히 관점만 소개하기로 하고, 구체적 사례를 이용해서 다루기로 했습니다.

'작은 창문이 있는 교실출입문'은 교실 내의 사회관계를 조정하는 행위자입니다. 출입문의 '작은 창문'이 어떻게 교실내부의 사회관계를 조정하는 행위자인지를 다루는 강의자료는 9절 「교실출입문도 가르칠까요?」에, 우리가 교육계에서 인공물을 어떻게 다루어왔는지를 '전자계산기'사례로 다루는 강의자료는 11절 「전자계산기는 어느 위치에 배치되어 있을까요?」에, 인공지능을 교육에 적용하기 위해 현재 진행 중인 정책사례, 즉 인공지능이 포함된 행위자네트워크를 구축하려는 정책사례는 12절 「인공지능 교육장치를 어느 위치에 배치해야할까요?」에 실었습니다.

현미경을 인공물행위자 사례로 다룬 글인 10절 「장치를 바꾸면 교육을 바꿀 수 있을까요?」, 즉 '현미경을 바꾸는 것만으로 교육을 바꿀 수 있다'는 관점의 글은 강의에서는 다루지 않은 글입니다. 15주 강의가 아니라 20주 강의였다면 포함되었을 것 같습니다.

러셀Stuart Russell 교수 관점도 학생들에게 전달하기 위해 준비했습니다. 기술에 해박하지만 기술에 머물러 있지 않은 대표적 인공지능 전공자입니다. 4절 「가르치는 인공지능이 추구하는 가치는 교육이 추구하는 가치와 방향이 같을까요?」의 내용을 마무리하고 난 뒤 그의 2019년도 신간(Human Compatible: Artificial Intelligence and the Problem of Control)을 확인하게 되었고, 그가 종종 이야기하던 인공지능과 인간 간의 Value Alignment에 대한 이야기를 드디어 책으로 마무리했다는 사실을 발견했지만 강의자료에 포함하는 방식으로 업데이트하지는 않고 학생들에게 그가 쓴 후 인터넷에 공개된 글과 테드강연을 소개하는 정도에서 멈추었습니다.

컴퓨터와 교육 사이에 존재하는 것들을 위한 개념공간에서 교육차원에 해당하는 강의자료 13절 「학습자는 주체일까요?」, 14절 「가르치면 배울까요?」는 저의 이전 책 『읽는다는 것의 미래』에 포함된 원고를 일부, 수정 보완해 강의자료로 재구성해 사용했습니다.

비트겐슈타인, 가라타니 고진의 관점을 이용해 '가르치면 배울까요?'로 제기된 질문 즉, '가르치다'와 '배우다' 간의 관계에 대한 질문을 학생들에게 나누어주기 위해 14절의 원고가 정리되었습니다. 구성주의 교육학에서 당연시하는 '학습자는 주체이다'는 관점을 주체와 subject 사이의 관계 즉, 두 단어 사이의 경계를 다루는 방식으로 13절을 구성했습니다. 학습자=subject인 것은 맞는 것 같지만, 학습자=주체는 의심해보아야 한다는 생각입니다.

15절「교육장치의 디지털전환이 필요할까요?」에서 2차원평면의 벤다이어그램과 3차원공간 속의 벤다이어그램을 비교하는 사례로 '가르치다'와 '배우다'의 관계를 사용하며, 14장과 15장을 연결했습니다. 이 원고 초고는 2020년 8월 14일에 열린 대한수학교육학회 기조강연에서 발표했습니다. '컴퓨터의 개념 및 실습' 강의에서는 간단하게 아이디어만 다룬 상태였습니다. 강연 전후로 여러 의견을 들려주신 수학교육 전공 교수님들께, 특히 서울대학교 수학교육과의 이경화교수님께 감사드립니다. 종이매체 위에 기록된 '기호'가 만들어내는 착시를 3차원공간에 배치된 3차원기호를 통해 확인할 수 있는 사례를 이용해 교육장치(가령 기호)의 디지털전환이 필요한 이유를 정리한 글입니다. 컴퓨터와 교육 간에 존재하는 수많은 디지털 자원(흔히 콘텐츠)을 대상으로 하는 관점과 질문을 학생들에게 전달하고 싶었습니다.

강의를 위해 몇 가지 새로운 단어와 이름을 만들어 사용했습니다. 7절「가르치는 인공지능은 설명 가능할까요?」에서 사용한 '올록볼록 착시'는 우리가 경험하는 착시가 왜 고등한 지능에서 반드시 발생하는 현상인지를 다루기 위해 그리고 그러한 착시를 설명하는 것이 얼마나 어려운 일인지를 다루기 위해 사용한 단어입니다.

8절「경험 불가능한 데이터를 경험하는, 가르치는 인공지능을 우리가 경험할 수 있는가?」에서 사용한 '지능형 고양이집사 역설'은 지능형 장치를 이해대상으로 다루고 설명 가능한가?라는 질문을 다루기 위해서

만든 역설의 이름입니다. 우리의 감각기관으로는 감각(경험)할 수 없는 데이터를 학습하는 방법으로 자라난 '지능형' 고양이집사와 고양이 사이의 상호작용을 우리가 이해(경험)할 수 있는 방법이 있는가?라는 질문을 학생들에게 전달하고 싶었습니다. 이 역설을 이용하면, 인공지능의 설명불가능성을 알고리즘 차원(딥러닝의 히든레이어의 블랙박스화)뿐만 아니라 데이터 차원에서도 다룰 수 있습니다.

'장치의 교육학'은 작은 창문이 있는 교실출입문(9절), 실험실의 현미경(10절), 전자계산기(11절), 지능형교수학습지원시스템(12절)을 교육 영역에서 독립적으로 기능하는 '행위자'로 다루는 관점을 포괄하기 위해 만들어 사용한 단어입니다.

실습

바이러스시대의 도래 이후 가장 많이 수정된 내용은 '실습'이었습니다. 제가 이 강의를 맡기 전, 그러니까 2019년 이전 강의에서 이루어졌던 실습은 대부분 소프트웨어사용실습이었습니다. 이번 강의를 위해 준비했던 실습은 크게 3가지였습니다.

첫째는 클라우드환경에서 인공지능 에이전트를 만들어보는 실습입니다. 구체적으로는 Google의 DialogFlow와 AWS의 Alexa Skills을 이용해 대화 가능한 인공지능 에이전트를 제작하는 것이 계획이었습니다. 해당 교과교육에서 이와 같은 인공지능기술을 어떻게 활용할 수 있을지 상상해가며, 그러한 상상에 근접한 에이전트를 직접 만들어보자고 제안할 계획이었습니다.

둘째는 아두이노를 이용한 피지컬컴퓨팅실습이었습니다. 단지 작은 개발보드를 컴퓨터처럼 사용하는 경험을 해보는 실습이 아니라 그러한 방식으로 물리적 학습공간에서 필요한 빅데이터를 수집하고, 그러한 데이터를 해석해보는 경험까지를 포함한 실습이었습니다. 구체적으로는 제가 저의 동료와 함께 만들어 연구와 수업에 사용 중인 Tinkable Kit를 이용해 아두이노에 센서들을 연결하고 교실에서 수업 중에 발생하는 실시간데이터를 측정/전송/저장하는 장치를 만들고, 실제 교실수업에서 측정하고 해석하는 것이 계획이었습니다. 장치를 제작한 뒤에는 제 수업에서뿐만 아니라 다른 수업에서도 관련 데이터를 모은 뒤 그것을 모두 모아 함께 해석해보는 실습을 계획했습니다.

셋째는 클라우드환경에서 코딩을 해보는 실습이었습니다. 코딩/프로그래밍과정에서 가장 난이도가 높은 단계는, 역설적이게도, 필요한 개발환경을 세팅하는 단계입니다. 알고 있거나 해본 적이 있다면 쉽지만 처음 해보는 사람에게는 지나치게 막막한 단계입니다. 학생 하나하나의 컴퓨터의 개발환경을 세팅할 수는 없고(그건 불가능하지는 않지만 가서는 안 되는 길입니다. 한 학기 강의가 산산이 부서질 수 있습니다), 컴퓨터실 등의 공용컴퓨터에서 하는 것도 좋은 방법이 아닙니다. 클라우드기반의 코딩실습환경을 제공해주는 elice회사의 플랫폼을 이용해 개인컴퓨터에 개발환경을 설치하지 않고도 개발언어를 사용하는 경험이 가능한 클라우드코딩실습을 준비했었습니다.

하지만 바이러스시대를 맞아 클라우드환경에서 코딩해보는 실습만 일부 가능했고, 인공지능 에이전트를 만드는 실습과 교실에서 빅데이터를 수집하는 피지컬컴퓨팅실습은 진행하지 못했습니다.

중간과제와 기말과제

교실에서 만날 수 없으면서 동시에 대부분의 학생이 신입생인 경우, 그리고 가르치는 사람이 얼굴은 보여주지 않고 텍스트와 목소리 형태로만 등장하는 수업이 3~4월에 진행되었습니다. 학생들 전부가 제가 누군지 모르는 상태로 2달 동안 수업이 진행된 것입니다. 그러한 과정에서 중간과제를 정했습니다.

'튜링테스트가 무엇인지 스스로 공부한 뒤, 이번 강의에서 가르치는 역할을 하고 있는 임완철이 소프트웨어가 아니라는 증거를 찾아 논증하라.'

얼굴을 보여주지 않은 상태로, 텍스트와 목소리로만 상호작용하는 상황이 튜링테스트상황과 매우 흡사하다는 판단(학생들도 대부분 같은 판단이었습니다)하에 수업상황을 튜링테스트상황으로 해석하고, 임완철이 소프트웨어가 아니라는 증거를 찾고 논증하라는 과제를 만들었습니다.

과제를 제출하지 않은 소수학생을 제외하고, 대부분의 학생이 흥미로운 글을 써 보고서로 제출했습니다. 약 70명의 학생이 발견한 현상과 그들이 이 현상을 어떻게 해석했는지를 기록을 남겨 공개하고 싶습니다.

개강할 때부터 공지된 기말과제에는 약 60명의 학생이 보고서를 작성해주었습니다.

'학습하는 인공지능이 상식이 되어버린 시대에, 가르치는 인공지능

도 가능한가? 논증하라.'

1절 「우리가 판단하는 교육문제는 교육문제의 실체가 맞는가?」는 마지막 강의에서 학생들에게 나누어준 글입니다. 모든 문제풀이의 시작은 '나는 누구인가? 내 생각의 배후에는 무엇이 있는가? 나는 무엇을 대표하는가?'라는 질문이라고 생각합니다. 교육학을 전공하고 앞으로 교육문제 해결을 위해, 새로운 교육시스템을 설계하기 위해 '교육학을 공부 중인 우리는 누구인가?'라는 질문이 학생들 머릿속과 마음속에 배치되기를 바라는 마음입니다.

이 책은 이 학생들과 경험한 한 학기 수업의 기록입니다. 우리 부모님들이 우리가 살아갈 미래를 예측하지 못해 불안해했던 것과 동일하게, 우리는 우리의 다음세대가 어떤 미래를 살아갈지 모릅니다. 시간과 공간은 압축되었고, 압축속도는 점점 더 빨라지는 것 같습니다. 학생들과 함께 미래를 대비하기 위해 사용한 '질문들'로 구성된 개념들의 세계로 여러분을 초대합니다.